ソーシャルプロブレム入門

長沼建一郎 著

信 山 社

はしがき

　この本は，社会的な問題，いわゆる社会問題（social problem）への政策的な対応について，考える手がかりを提供するために書いたものです。その趣旨について，2 点に絞って書いておきたいと思います。

　ひとつには社会問題というときに，それが本当に問題なのか，あるいはどのような問題なのかをよく見極める必要があるということです。

　時として，さして問題でもない事柄が大きく取り上げられることもあります。また何かの政策をとろうという結論があって，そこからさかのぼって「問題がある」と喧伝されることもあります。

　ですから最初から「これは深刻な問題なので，対処しなければならない」という前提で政策を考えても，往々にして浅薄なものになってしまいます。いいかえれば，それが本当に問題なのか，どこに問題があるのかを，さまざまな角度から掘り下げること自体が，有効な政策論の手がかりとなるのです。

　しかしもうひとつには，それらの問題への具体的な対処・対応方向まで考える必要があるということです。いいかえれば「答えを出す」ということであり，実学としての政策論には，そこに意義があります。

　社会的な問題は，その背景も要因も複雑で，そこに分け入ってみればみるほど，解決は困難であるように思われます。しかしだからといって，看過できない状態にあったり，放置するとより事態が悪化したりするようなときは，目の前の問題に対して何らかの対処をしないわけにはいきません。

　そこでは限られた情報・知見・時間の中で，実際に対応可能な政策を選択していく必要があります。そういう時にまで問題の分析や検討に終始しては意味がなく，何らかの判断をすること自体が大切です。

　もちろん「答えを出す」といっても，政策的な対応については「唯一の正解」というのはほとんどの場合ありません。あるいは「これしかない」と思われる対応策があったとしても，それを実施すると小さくない副作用や思わぬ弊害が生じたりもします。しかしそれらも踏まえて現時点では最善と思われる，あるいは「より悪くない」（lesser evil）対応を見定めていくのが政策論の役割です。

本書の構成について一言しておきます。

冒頭のフロントストーリー（和製英語ですが）は、そのパートの導入として、テーマに関わる文学作品などを紹介しています。

それに続いて「問題の所在」として、それは本当に問題なのか、どこに問題があるのか、どのような問題なのか等を考える糸口を述べています。

その上で本編では、「空間モデル」と「時間モデル」という2つのモデルを用いて、社会問題を分析し、政策的な対応方向を検討します。この2つのモデルは物事を統一的に考えるためにこの本で一貫して用いるもので、その概略は「1. 社会問題とは」と「2. 社会問題と政策の役割」で述べています（ですからこの本をどんな順番で読んでいただいてもいいのですが、この「1.」と「2.」は先にご覧いただければと思います）。

それを受けて、15の具体的な社会問題のテーマをとりあげています（他にも扱いたいテーマはあったのですが、個人のライフサイクルに即して15に絞りました）。

各パートの本編の最後に置いている「政策的対応に向けたヒント」は、まさにヒントの類であり、結論や唯一の政策的な解を示したものではありません。時には踏み込んで私自身の見解を書いていることもありますが、あくまで考える手がかりということです。

それ以外にいくつかのコーナーを各パート内に必ず置いています。

BOOKSHELF（社会問題を考える本棚）は、引用した文献の紹介も兼ねて、小説なども含めて参考となりそうな文献を紹介しています。

TERMINOLOGY（豆知識）は、そのパートのキーワードや、類似する、紛らわしい言葉などを取り上げて解説しています（terminology は用語法というような意味です）。

PATHWAY〔社会問題への小径〕は、雑談的な事柄を中心に、そのパートに関連する内容について紹介するコーナーです。

AFWERWORD（余滴）は、それぞれのパートの「おまけ」として、十分に扱えなかった事柄を含めて、やや異なる角度から補足的に書き足したものです（余滴は残りのひとしずくというような意味です）。

　ところで上記の各コーナーや本編でも，さまざまな文献や文学作品などの紹介や引用をおこなっていますが，個人的な趣味が強く反映したもので，それらが内容との関係で不可欠だとか，特権的に重要だというわけではありません。

　実は引用や紹介する対象があまり偏るのもどうかと思い，最初は同じ人のものが繰り返し出てこないようにしていたのですが，一か所だけでの紹介よりも，何度か出てくることで関心を持ってもらえるかもしれないと考え直し，むしろ同じ人がなるべく複数回登場するようにしてみました。

　ただ文献等の引用や紹介については，学術論文のように厳密にはおこなっていませんし，引用に際しては一部改変していることがあります（翻訳や表記，改行，カッコ内での注記等）。また文献の書誌については，初出ではなく入手しやすいものを掲げていることがあります。

　法制度や統計数値等については，2021年8月時点で把握できた内容です。またモデル等の図表は，ごく一般的なもの（ロジスティック曲線やボラティリティのイメージ等）を除いて，すべてオリジナルに作成したものです。

　2021年9月

長沼　建一郎

目　次

AFTERWORD（余滴）

ソーシャルプロブレム入門

1 社会問題 (social problems) とは
── モデルの設定，空間と時間 ──

● 問いが大事か，答えが大事か ●

　人の世を作ったものは神でもなければ鬼でもない。やはり向う三軒両隣にちらちらするただの人である。ただの人が作った人の世が住みにくいからとて，越す国はあるまい。あれば人でなしの国へ行くばかりだ。人でなしの国は人の世よりもなお住みにくかろう。

　越す事のならぬ世が住みにくければ，住みにくい所をどれほどか，寛容て，束の間の命を，束の間でも住みよくせねばならぬ。

夏目漱石『草枕』より

　「草枕」の冒頭の「智に働けば角が立つ。情に棹させば流される」は有名ですが，その少し先には，上のようなことが書いてあります。

　漱石はここから芸術の役割を唱えるのですが，社会は人間が作っているものである以上，もっと直接的に「住みよく」変えることもできるはずです。ごく身近なことから，社会全体に関わる大きなことまで，もし深刻な問題が起きているなら，私たち自身が社会に働きかけて，解決することも可能なはずです。

　といってもまさに「唯一の正解」はない中で，この本は具体的な社会問題（ソーシャル・プロブレム social problems）を取り上げて，その問題の所在を見極めるとともに，解決の方向性を探るためのヒント，考える手がかりを提供するものです。

　重要な場面で何らかの判断・決断を行う必要があるのは，個々人がその人生を歩んでいく際も，まったく同じです。そのようなものとして社会問題をめぐる議論に向き合っていただければうれしいです。

　そこでまず全体の総論として，社会問題とは何か，またそれを分析するためのモデルの設定が，このパートのテーマです。

◆ **問題の所在**——それは「問題」なのか，どこに問題があるのか

「世の中に片付くなんてものは殆どありゃしない。一遍起った事は何時までも続くのさ。ただ色々な形に変るから他にも自分にも解らなくなるだけの事さ」というのは，夏目漱石の『道草』での主人公健三の最後の台詞(せりふ)です。

確かに新聞を読んでも，テレビをつけても，インターネットを見ても，厄介な問題が無数にあって，それらが延々と語られています。

次々に新しい問題が付け加わって，古いものは忘れられていきますが，時折「あれから〇年が経ちましたが，事態は解決に向かっていません」と報道されて，思い出したりします。問題は増えていく一方であるように思います。

それでも問題によっては，解決の方向に向かうことがあります。それは政府（国や自治体）の立法措置や法改正によって解決されることもありますし，社会の中で市民の努力によって解決されることもあります。

〈社会的な問題としての契機〉

世の中にはいろいろな問題がありますが，そのうち何が「社会問題」（ソーシャル・プロブレム social problems）といえるのでしょうか。いろいろな回答があり得ますが，1つの位置づけとしては，政策によって解決可能である，あるいは解決の余地がある問題を，社会問題と考えることが可能でしょう。

まったくパーソナルな問題であれば，努力や工夫を通じて個々人が解決していくしかありません。およそ解決しえない問題は，運命ないしは不条理として受け取るしかないこともあります（もっともその判定は慎重を要しますが）。他方，物事の真実性や美醜の問題は，科学や芸術の所掌範囲でしょう。

それに対して，人間が社会を作っているがゆえに，その作り方に起因して生じている問題が多々あって，それらは政策を通じて社会のあり方を変えることで解決できる可能性があるし，解決すべきだといえます。そのなかでも特に既存の固有のシステム（法や経済，政治）で処理できない問題が重要になります。

このパートでは，この本で用いる分析のモデルを紹介したうえで，社会問題とは何かについて，もう少し考えてみたいと思います。

◆ モデルによる分析・検討

　以下では社会問題を分析するためのアプローチのツールとして，空間モデル，時間モデルという2つのモデルを提示したいと思います。以下の通り，ごく一般的な内容のものですが，空間モデル・時間モデルという呼び方自体はこの本独自のものであり，一般的に通用しているものではないのでご注意ください。

　この手のモデルは物事を単純化しすぎる危険はあるのですが，あえて単純なモデルにあてはめることで，初めて見えてくるものも少なくないのです。

〈空間モデルによる理解〉

　ここで空間モデルというのは，人間や物事が「すり鉢」のような形状の空間のなかに，要素として配置されているというイメージのものです。

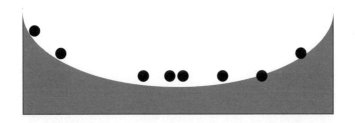

　たとえば左から右に向けて，数値の小さいものから順に配置するようにすれば，人間の身長や体重，あるいは試験の成績，得ている所得，家族の数などについて，このモデルのなかに個々人を位置づけることができます。中央の平均値のあたりに多くの要素が集まっているのが普通でしょう。

　必ずしも数値化できないもの（たとえば性格や健康の度合い）も，このモデルにあてはめることができます。たとえば左端を「すごくのんびりした人」，右端を「すごくせっかちな人」と設定して，その間に個々人を配置することも可能です。食べ物でいえば，人間について「辛い物好き」から「甘い物好き」に向けて並べることができますし，食べ物自体について「辛い物」から「甘い物」に向けて並べることも可能です（もっとそのように一次元に並べることで，物事を単純化しすぎていないかどうかには注意が必要でしょう。とくに「能力」を並べる場合などです）。

ところで社会的な仕組みや枠組みを，この空間モデルにあてはめる際には，要素が配置される「すり鉢」について，その両端があるのが普通です。それを越えて向こうに行ってしまうと，通常想定された「枠内」に入らないのです。この境界線を「閾値（しきいち）：threshold」ということがあります。

　たとえば試験の成績であれば，あまりにも点数が低くて「閾値」に達しないと，単位が認定されません。あるいはたとえば相撲の新弟子検査では，身長・体重か一定以下だと，それだけで採用されません。

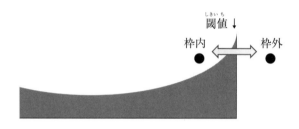

〈そのバリエーション〉

　各要素（たとえば個々の人間）はこの「すり鉢」のなかで，右や左に振れる（スウィングする）ことがあります。時にはどちらかに振れ過ぎて，「閾値」を越えてしまうこともあるでしょう。

　社会の中の諸制度は，しばしば一定の「枠内」に収まる人間や要素を，その対象として想定しています。ですからその範囲に収まっていないと，「排除」されることがあります。その辺の事情をみるために，このモデルは役に立ちます。

　さらにこのモデルは，個々人が有する自由の「幅」としての枠と見ることもできます。つまりこの「枠内」では，個々人は自由なのであり，他人や国からの干渉を閾値の壁によって跳ね返すことができます。

〈時間モデルによる理解〉

　もうひとつの時間モデルというのは，人間や物事が，放物線のような形状に沿って，時間の経過・推移とともに上昇していって，やがて下降していくというイメージのものです（「時間をモデル化した」という意味ではなく，物事の時間的な変化をモデルにしてみるという意味合いです）。

時間

　これもモデル化する対象は，物でも人間でも，抽象的なものでも構いません。物事には消長があり，生まれたものは，一定の発展を遂げ，やがて収束します。

　典型的には個人のスポーツの成績は，どこかでキャリア・ハイに達して，やがてダウントレンドになるのが普通でしょう。会社からもらう給料や，親しい友人の数なども，そういうことが多いかもしれません。

　これも対象は（空間モデルと同様に）数値化されるものでなくても構いません。たとえば生きがいや，生活の質（QOL）などもこのモデルにあてはめることができます。あるいは芸能人の人気とか，特定の事柄への国民の関心の強さ，歴史的な国の消長，帝国の版図などでもあてはまるでしょう。

　空間モデルにおいては，各要素が「振れる」（スウィングする）ことを指摘しましたが，時間の経過とともに，もっぱら１つの方向に移動していく場合には，この時間モデルにあてはめると，より明快になります。たとえば個人の身長は，成年に向けてはもっぱら上昇し，やがてピークアウトするのが普通です。

　全般的に同じ一つの現象を，空間モデルで表すことも，時間モデルで表すことも可能であることが多いのですが，いずれかにあてはめてみた方が分かりやすいことが多いので，この本では並列的に２つのモデルを利用するものです。

　多くの社会問題は，人間のライフコースと関わるものです。ですから人生という時間軸を，このような放物線のモデルにあてはめてみることは，しばしば有用です。身長のような数値的指標はもちろんそうですが，とくに健康状態（QOL）や財産状態（収入）などは，直接に社会問題と関わります。

〈そのバリエーション〉

　ただ曲線の形状はいろいろで，きれいな放物線を描くとは限らず，「ぶれ（volatility）」が生じます。またいわゆるロジスティック曲線（S字型）で，ある程度のところまでは低く推移して，あるポイントから急速に上昇するようなことも多いでしょう（たとえば芸能人の人気などはそういうことが多いかもしれません）。

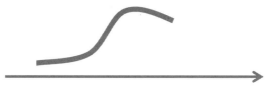

　さらにその個々の要素によっても「ぶれ」が生じて，その描く曲線の形状は異なってくることがあります。たとえば人間の身長や体重にしても，ある程度のところまでは，そこそこ多くの人が同じような上昇曲線を描きますが，そこから先は，個々人によって値の分散が目立つようになります。

　とくにヨコ軸は，一応時間軸ですが，それが実質的には何かの投下量を示していることはあります。たとえば費用とか，努力とかということです。

　たとえば学校のテストでもスポーツの試合でも，準備の時間をかければかけるほど，パフォーマンスはよくなっていくことが想定されます。しかしそこは比例的なものではなく，ある程度から先は，同じ努力や準備をしたとしても，そのパフォーマンスには「ぶれ」が出てきます。

　また大きな話でいえば，これは所得や経済水準の上昇と，「幸福度」との関係にもあてはまるといわれます。ある程度までは，お金があるほど幸福になれるのですが，そこから先は，お金があればあるほど，より幸福になれるとは限らないのです。このことは個々人についても，また国の経済成長と国民全体の幸福度についてもあてはめることができます。

〈社会問題の位置づけ〉

　この本ではこれらのモデルをもとに，できるだけ社会問題を統一的に分析して，その解決のための手がかりを考えていきたいと思います。

　社会問題とは何かについては，この本では冒頭で述べたように，社会の中で政策を通じた解決の可能性・必要性のある問題としていますが，ここでは以下の説明を加えておきたいと思います。それは既存の各領域の固有の問題として解決しきれないから，社会問題として浮上する，あるいは残るということです。

　これは社会学者のニクラス・ルーマン（1927-1998）の所説ですが，近代社会では様々なシステムが機能的に分化して，並立しています。具体的には法システム・経済システム・科学システム・政治システム等々です。

　近代以前では，社会はしばしば宗教を軸として一元的に構成されていて，問題もその中で一元的に解決される傾向がありました。

社会（法・経済・政治等）＝一元的な枠組み
諸問題もこの中で解決

　ですが近代では，それらが個々に独立して機能していて，それら全体が社会を構成しています。その中でそれぞれ固有のシステムの中で解決可能な問題は，そこで処理されます。たとえば市場，裁判，選挙などによる解決です。

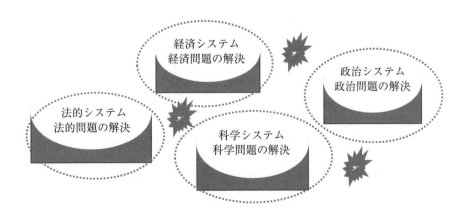

しかしながら，それらがカバーする領域は，微妙に接していたり，影響を与え合ったりしていて，各システム内だけで全てを解決することはできません。

　たとえばお金がないので必要なものを「市場」で買えない人がいます。あるいは「裁判」に勝っても人の心までは動かせません。将来世代や動物・植物は「選挙」にも参加できません。科学的な技術進歩が，普通の人には手が届かない高額医療を開発にしたり，従来の親子の概念を覆したりします。

　逆にいうと，そういう固有のシステムの「狭間」で，問題が浮上したり，問題が解決されずに深刻化したりするのです。

〈学際的な解決の必要性〉

　このとき，それらを超越した「上からの視点」（あるいは「神様の目」）から解決を目指すことは，必ずしも適切ではありません。というか，そんなスーパーな学問はありません。一つの学問的方法を駆使することで，全部を解決できる風に語られることもあるのですが，それはそれで危険な思考でしょう。

　むしろ複数の学問手法を組み合わせて学際的にアプローチすることで，ブレークスルーが可能になることがあります。もろもろの社会科学に加えて，人文科学，自然科学など様々な学問の知見を総動員することで，かろうじて問題の実質もとらえられるし，その解決の手がかりも得られるのではないでしょうか。

　それはたとえば未知の食材に対しては，焼いたり，煮たり，炒めたり，蒸したり，いろいろな方法を試したり組み合わせたりして，ようやく「おいしい食べ方」が見つかるようなものではないかと思います。

TERMINOLOGY [豆知識] 学際的アプローチ／総合的アプローチ

　既存の学問の枠組みにとらわれずに問題にアプローチする方法としては，特定の学問を組み合わせる場合（たとえば「政治経済学」（Political Economy），「法社会学」，「法と経済学（Law and economy）」）と，最初から総合的なアプローチを標榜する場合（総合政策学，公共政策学など）があります。

　前者は学際的なアプローチと呼ばれ，この本が志向するのは主としてそちらの方向です。しかし一人の研究者が複数の学問領域に通暁するのは困難なため，この方法は「素人芸」になりやすく，この本もその悪しき例になっているかもしれません。

〈問題をモデルにあてはめてみる意義〉

　個々の社会問題は，きわめて複雑です。しかしこの本では，それらをあえて単純なモデルにあてはめて見ていきます。

　そこにはいくつかの意義があります。すなわち第一に，物事や問題を，見やすく，できれば分かりやすく，そしてとりわけ考えやすくするということです。

　もちろんモデルには，物事を単純化しすぎる危険性はあります。ですが統一的なモデルでいろいろな事柄を見ることで，従来は関心がなかった多くの社会問題にも関心が持てることがあります。同時に自分の考えやものの見方を，多くの問題に投影することが可能になります。

　第二に，統一的なモデルを用いることは，個々の社会問題の固有性，その領域の専門性に，閉じこもりすぎないということでもあります。とりわけ時間と空間をモデルとして，その中に人間を位置づけることで，あくまで人間を中心に問題解決を考えることを可能にします。

　各領域には，それぞれにフィットする固有の論理や学問的な手法があります。ですが，その固有の専門的な領域と思考に「入り込みすぎて」しまうと，専門家以外が排除されると同時に，そこにいる人間のことが脱落してしまうのです。

　逆に横並びで考えることで，一つの領域での知見を他の領域でも活かす可能性が生まれます。モデルを駆使することで，問題や物事を単純化するだけではなく，問題に新たな角度から光を当てることができるのです。そこでは既存の論理・枠組みではなく，自分自身で考えることが可能になります。

　その意味では読者が批判的に「より良いモデル」を提示していただけることも，あわせて期待したいと思います。

〈答えを出すことの大切さ〉

　その上で，この本では政策的な対応方向——どうしたら解決できるか——を探ります。それは分析の中で示唆していることもありますし，各パートの「政策的対応に向けたヒント」という項目で書いていることもあります。

　ですが決して「唯一の正解」があるわけではありません。政策的な対応自体については，より精緻な検討を要し，そこではその事柄自体に即して，つまりもう少しその問題の「中」に入って検討を要することが多いでしょう。

それでも「政策的な対応」にこだわるのは，社会の諸問題を，何らかの本質的・不可避的な要因に還元することへのアンチテーゼでもあります。たとえば時の政権，権力構造，資本主義等々を「悪者」にするのは容易です。この本にしても，資本主義に問題の根源を見ていることは多いのです。ただ，それらを「解体する」こと自体を唱えるだけでは，政策的な処方箋になりません。「問題の本質」を見極めるだけでは，必ずしも実際の解決にはつながらないのです。

　具体的な問題は，具体的に解決する必要があります。人間は，時間と空間の中にいて，もろもろの制度や組織も同様です。その意味で，人間は時間と空間に閉じ込められているわけですが，物事は「組みなおす」ことができます。社会は人間が作っているので，「別のあり方」も可能なのです。

　またここで議論する内容は，むしろ日々の生活で起きている，身近な諸問題にも直接的に接続しているし，そこで生かしていけるはずでもあります。

BOOKSHELF　社会問題を考える本棚

・この本では社会問題や政策について，これ以上の抽象的な議論はせず，具体的な事例の中で考えていきたいと思います。ただこの本が依拠した枠組みの一つとして，ニクラス・ルーマン『福祉国家における政治理論』（勁草書房，2007 年）があります。そこではシステムが機能分化した今日においては，政治の固有の役割は限定される旨が語られており，むしろ法や経済・政治をまたがる形での政策対応を志向すべきことが示唆されています。

・この本に近い問題群を扱うものとして，増田幸弘他編著『変わる福祉社会の論点（第 3 版）』（信山社，2021 年）があり，この本よりも多くの論点をとりあげて，主に法的な観点から突っ込んだ形で扱っています。

・アメリカでは「Social Problems」と題する大学生のためのテキストが多く出版されています。それらのテキストでは多様な問題について，統計や実例も駆使して多角的にアプローチしています。この本は，いわばそれらの日本版を目指すものでもあります。

PATHWAY〔社会問題への小径〕——分析モデルの「元ネタ」

　物を書く仕事をしていると，そのアイディアやコンセプト，また苦心して調べたり書いたりした内容を露骨にパクられることが時折あります。悪気はないのかもしれませんし，影響を与えたという意味では喜ばしいのかもしれませんが，まさに盗まれた感じがして，非常に落胆します。「元ネタ」がある場合には，基本的にそれを明示することが物書きの最低限の倫理です。

　ところでこの本では，時間モデルと空間モデルの2つを軸に据えて，様々な社会問題を分析していきます。個々人にせよ，事象や制度にせよ，人間も社会もモデルの対象としています。その手法に，元ネタはあるのでしょうか。

　少なくとも直接の元ネタはありません。社会問題を，空間的・時間的な観点から分析するという方法は，誰かのやり方を踏襲したものではありません。

　他方，ごく普通のモデルですから，そういうものの考え方という意味では，むしろ空間・時間モデルそれぞれにつき，次のパートで紹介するものを含めて多くの論者や著作が思い浮かび，列挙するだけでもキリがありません。

〈空間と時間，そしてモデルを使うこと〉

　ただ，空間と時間という2つの見方があることについては，それ自体も当たり前なことではあるのですが，森敦（小説家。1912-1989）の『意味の変容』（ちくま文庫，1991年）から直接的な示唆を得ています。時間と空間とは接近する部分はあるが，やはり分けて考えることに意味があるという点です。

　また一定のシンプルなモデルを駆使して，様々な物事を分析していくという手法自体については，大学時代に読んだ山口昌男（文化人類学。1931-2013）の影響が大きく（いわゆる「中心と周縁」モデルです。一世を風靡しましたが単純すぎるとも批判されたものです），さらにそれ以前に高校での現代国語の授業に影響を受けています（東京学芸大学付属高校での中村顕司先生の授業です。それはおそらく偶然ですが，西平直『無心のダイナミズム』（岩波書店，2014年）が提示している「無心」のモデルに近いものでした）。

　若い時に得られたものが，その後の人生を決めるのだということに，現在の教員としての職責の重さを痛感します。

AFTERWORD（余滴）──「問題」をめぐって

> なんで大江が「問題」なんかを，問題にしたんだろう。
> ただの小説を書いていればよかったのに。
>
> 江藤淳 †

　評論家の江藤淳（1932-1999）が蓮實重彦との対談の中で，のちにノーベル賞を取ることになる作家・大江健三郎を評した言葉です。その前の箇所でもこういっています。

　「……大江君は才能があると思う。でも，しかし，大江君はなんであんなに「問題」「問題」「問題」と，「問題」ずくめになっちゃったんだろう。この悲しさっていうのはどうなんだ」

　具体的には大江健三郎が核問題をはじめとする社会問題に（素人的に）コミットしていたことへの批判でしょうが，この対談では，むしろ何もかも「問題」にしてしまう思考様式への批判が繰り返し語られます。

〈問いが大事か，答えが大事か〉

　これは「問題」をタイトルに掲げるこの本にとっても，耳の痛いところです。「これが問題だ」と鬼の首を取ったように宣言し，「何とかしなければ」と騒ぐのは，自分の研究テーマを喧伝したがる学者によくあるパターンでしょう。

　だからこの本でも，各パートの冒頭では「問題の問題性」を見極めることに記述をあてています。それは「見せかけの問題」を見破るという趣旨ですが，むしろ「問題ずくめ」になることへの気恥ずかしさでもあります。

　その意味で，「真の問いの発見」が一番大事なのだ，と多くの論者が指摘しています。「問題らしいこと」ではなくて，何が本当に問題なのかを見極めることこそが重要で，それは簡単ではないのだという趣旨でもあるでしょう。

　しかしながらこの本では，各パートの後半では「答えを出すこと」に向けた記述に力を入れています。それはやはり「これは大問題だ」とだけいって，いわば火をつけただけで終わらせたくはないからです。

　† 江藤淳・蓮實重彦『オールド・ファッション』（講談社文芸文庫，2019 年）

2 社会問題と政策 (policy) の役割

── 幸福の増進，不幸の除去──

● 政策によって幸福を実現できるか ●

フロントストーリー

　幸福な人生というものはあるだろうか。

　自分が幸福だと感じる時はあるし，脇から見ていて今あの人は幸福だと思えることもある。しかし，一つの人生が全体として幸福だったと言うことはできるか。そういう人生は成立するか。

　いかにも満ち足りて，すべてがうまくいっている時期，何の不満もなくて，たしかに幸福だといえる時，それが生まれてから臨終までずっと続くとしたら，それはたしかに幸福には違いない。

　しかし，人間にとって歳月とはそんなに単調なものではないし，もしも一生の間ずっと自分は幸福だったと言いきる人がいれば，いったいこの人は何をしてきたのだろうと，われわれはその人生観の方を疑うかもしれない。　　　　　　　　　　　　池澤夏樹「幸福な人生」より†

　この本では，社会問題を政策的に解決することで，基本的に人間の幸福に資する方向，ないしは不幸を縮減させる方向を目指します。

　社会とは，しょせんは人間から構成されている，あるいは人間が作っているものです。だからそれらを離れて，たとえば国家自体の安寧や成長，あるいは社会の秩序や社会正義の実現自体などを目的とするよりは，むしろ個々の人間の幸福・不幸にこだわって考えるということです。

　とはいえ，たとえば社会秩序が破壊されていれば，それは回りまわって個々人の幸福・不幸に大きく影響します。しかし逆に，国家や社会全体のためという名目で，個々人の幸福が無視されることも多々あります。ですからいずれにせよ，個々人の幸福・不幸との関係をつねに意識しておくことが大切なのです。

　そのように「幸福／不幸」を切り口として，社会問題とそこでの政策の役割について考えてみるのが，このパートのテーマです。

† 池澤夏樹『読書癖〈4〉』（みすず書房，1999 年）

◆ 問題の所在 ── それは「問題」なのか，どこに問題があるのか

　幸福とは何か，逆に不幸とは何かについては，いうまでもなく無数の議論や言説がありますが，もっとも有名なものの一つはトルストイの『アンナ・カレーニナ』の冒頭──「幸福な家庭はどれも似たものだが，不幸な家庭はいずれもそれぞれに不幸なものである」──でしょう。

　これに賛同するか，これをどう解釈するかは人それぞれだと思います。ただ考えてみれば，おいしいものを食べたときには「美味い」の一言であるのに対して，そうでないときには単に「不味い」というよりは，「辛すぎる」，「冷めている」，「素材の持ち味が死んでいる」，「ビミョーだ」等々，たちまち具体的でそれぞれの「不幸」が表出されます（だから逆に「美味さ」を具体的に表現できる食レポが重宝されるのでしょう）。

〈社会的な問題としての契機〉

　たとえば「美味しさ／不味さ」というのは，主観的なものです。「幸福／不幸」も同様でしょう。相田みつお（1924-1991）の「しあわせはいつも自分のこころがきめる」はけだし名言です。

　それでも，とりわけ「不味さ」ないしは不幸の方は，話が具体的である分，解決ないし改善する余地があり，対応策を検討する価値があります。食べ物でいえば，もちろん趣味趣向は人それぞれであるにせよ，たとえばもし全員（ないしはほとんどの人）が「辛すぎる」というのであれば，香辛料を少なめにすることによって対処可能であり，それによって人々の不幸を緩和し，幸福度を引き上げることにつながるでしょう。

　同様に，社会における様々な問題についても，それが具体的なものである以上，対処の余地はあり，人々の幸福感・不幸感自体をコントロールすることはできないとしても（そんなことができたら恐ろしいです），私たち自身が問題解決への努力を通じて幸福感・不幸感の改善に寄与する余地はありそうです。

　そこでこのパートでは総論の続きとして，まず人間の「幸福／不幸」について，またそれに関わる政策の役割について，見ていきたいと思います。

◆モデルによる分析・検討

　この本では，社会問題を分析して，基本的に人間の幸福に資する方向で解決することを目指します。そのことは前のパート（➡ **1. 社会問題とは**）で見た空間モデルと時間モデルに即して，以下のように位置づけることができます。

〈モデルに即した理解〉

　すなわち一つには人間は，空間モデルにおける一定の枠の中で，自由が確保されて，また安全に過ごすことが保証されるべきだと考えられます。これを私的領域ということもできます。プライバシーということでもあるし，家庭内の平和ということもあるでしょう。

　しかしながら同時に人間は，その枠の中での自由と安全を前提として，自分なりの人生のストーリーを描いていくことを目指すものです。チャレンジする，自己実現するといってもいいでしょうし，成長するといってもいいでしょう。

　ただしそのストーリー——何を目指すか——は，人それぞれです。何かを成し遂げることでも，有名になることでも，お金持ちになることでも，もっと別の事でもいいのですが，そこは各人固有のプロジェクトというべきです。

　2つをあわせると，こんなモデルになります。

　このように空間モデルの枠の中で，時間モデルによる達成を目指していくということの中に，人間の幸福があるのではないかと考えられます。

　ですからその幸福の中身は，人それぞれなのですが，その追求を可能にする，あるいはそれを損なう・阻害する要因を除去することに，社会問題を解決する政策の役割があると考えられます。逆にいえば多くの社会問題は，個々人の空間モデルを壊し，あるいは時間モデルに沿った進展を阻害しているのです。

〈幸福の二面性〉

しばしば大きな災害や，悲しい別れなどがあると，「何でもない毎日が大切だったと気付いた」といわれることがあります。それは実にそうであり，健康の大切さや，仕事があることなどについても同様でしょう。

しかし同時に「それだけ」では満足できないのも人間です。シニカルな意味ではなく，「何でもない毎日」だけでは満足できないのもまた人間なのです。

たとえば閉塞感，不公平感，チャンスすら与えられない不満，前例踏襲への反感等々が，しばしば社会問題を形成しています。「今のままでは嫌だ・耐えられない」というのも，人間の幸福／不幸を形成する大きな要因なのです。

それでもひとたび「足許が危うくなると」，積極的に何かを達成するどころではなくなり，立ち戻って「何でもない平穏な日々」を求めたくなるのも人間ですし，それが続くと，たちまち「喉元過ぎれば」となるのも人間なのです。

社会学者の大澤真幸は，人間は「翼をもちたい」し，「根を持ちたい」という矛盾する要望を持つものだといっています。ある意味では人間はこれら2つの願望ないし「幸福のタイプ」の間で引き裂かれているのです。

空間モデルと時間モデルの両方に依りつつ，問題とその解決を考えるというのは，この幸福の二面的な性格に対応するものでもあります。

〈歴史と人間〉

このことに関連して小林康夫（表象文化論）は，次のように述べています。「個人という観念のなかには，つねに絶望的に歴史を越えていこうとする方向が刻みこまれている。しかし波は海の一部であり，まさに海として崩れ落ちていくしかないのと同様に，個人も結局は，歴史の重力圏を脱することはできない」（『知のオデュッセイア』（東京大学出版会，2009 年））。

このことは結局，時間モデルと空間モデルの中で，個々人がそのストーリーないし固有のプロジェクトを遂行しつつ，「行けるところまで行って」，最後は時間モデルのヨコ軸に向けて降りてくるのと同じ構図だといえます。それは人間が「歴史内存在」だということでもあるでしょう。

もちろんそういう構図の制約があるからこそ，個々人のストーリー，プロジェクトが成立するのです。終わらないドラマはドラマではありません。

〈他者との関係〉

　同時に，そういう個人の自己実現（特に時間モデルにおける展開）が，他の人の領域（特に空間モデルにおける領域）を侵害することは避けなければなりません。犯罪などは直截にそうですが，たとえば医者になって人々を救いたいという「善い意図」であっても，勝手に病院を建てて診療を始められては何が起きるかわかりません。他の事業や職業についても同様です。あるいは正義感にもとづく発言や行動でも，人のプライバシーや諸権利には顧慮すべきです。

　そのように個々人の領域に一定の枠組み（幅や壁）を設けることで，勝手に他の人の領域に「土足で入り込まない」ようにする必要があり，そのための枠組み（幅や壁）の設計も，政策の役割だといえます。

〈2つの自由〉

　これらを受けて，二面的な人間の幸福（いわば静的な権利保護と，動的な自己実現）をともに希求することが課題となり，それが政策に求められることでもあります。この希求すべき2つの内容は，アイザィア・バーリン（政治学者。1909-1997）がいう積極的自由・消極的自由にもほぼ対応しています。

　とくに積極的な（ないしは動的な）自己実現の側面については，その目指すところは人によって区々です。これを特定の方向に決めたり誘導したりしない，いいかえれば個々人の目指すところを尊重すること自体が大切でしょう。

TERMINOLOGY　**豆知識**　消極的自由／積極的自由

　アイザィア・バーリンによる消極的自由・積極的自由という「2つの自由」論は，よく「…からの自由」と「…への自由」の対比として説明されますが，バーリン自身の説明は結構複雑で難解です。

　消極的な自由については，「どんな範囲にわたって私は主人であるか」に答えるための観念とされ，これに対して積極的な自由については，「誰が主人であるか」という問いに答えるものとされています。そして両者は完全に分離はできないとしつつ，どうしても両者が衝突しうることが述べられています。

　その中でもバーリンは特に消極的自由の確保を重視します。それは各人の「理想の追求」に伴って，「強者の自由は弱者の死」となりがちだからです。

〈政策の役割 —— 空間モデルに即して〉

　これらをもとに，政策の役割を位置づけることができます。

　すなわち空間モデルに即していうと，個々人の枠内は「自由な領域」だといえ，その領域に一定の「幅」が確保されている必要があります。

　そしてその「幅」の端には壁があります。他の人が，あるいは政府（国や自治体）がそこを越えて侵入してくるのを防ぐ必要があります。同時に一方的に他の人の壁を越えて侵入することは許されません。具体的な場所（住居等）についてはもちろんですが，精神的な自由や経済的な自由に関しても同様です。

　逆にいえば，それらの壁が毀損されているときや毀損されそうになっているときに，それを修復し，個々人の領域を守ることは，政策の大きな役割です。

　また逆に，現行の社会的な枠組みが，各人の自由な生き方を制約していて，何とかしてその枠組みをもう少し広げたいという場合もあります。

　たとえば家族として認められる範囲とか，勤め人として職場での諸制約とか，もう少し「幅」を広げられないかと考えることはいろいろあります。

　人々の願望は，無制約に認められるものでもありませんが，そのうちで合理的なものについては拾い上げて，それに応じて枠組みの「幅」を必要な範囲で広げていく，あるいは枠組みのあり方を再検討し，再構築していく（枠組みの「幅」と「壁の高さ」を設計する）のも政策の大きな役割だといえます。

〈政策の役割──時間モデルに即して〉

　他方では，そういう自由ないし枠組みが確保されたうえで，各人が時間モデルに即して一定の方向に自分のストーリーを展開していけることも，人間の幸福のためには重要です（それをどの方向に自己実現していくかは各人の自己決定です。才能を生かしたい人もいれば，有名になりたい人もいるでしょう）。

　ですが，そのストーリーを展開する過程で，一定の挫折に遭遇して，日々の生活自体が難しくなった場合──端的には病気やケガ，失業などの場合──には，何らかの復旧ないしリカバーを後押しすること，あるいは支えることは，やはり政策の役割だといえます。

　また同時に，これを基本的に阻害する要因があれば，それを取り除く必要があります。それは虐待する親だったり，教育を受けられないことであったり，さらに行きたい場所に行けないことであったり，就きたい職業に就けないことであったりするでしょう。このとき合理的な範囲で，各人がストーリーを描いていくのを可能にすることは，やはり政策の役割だといえます。

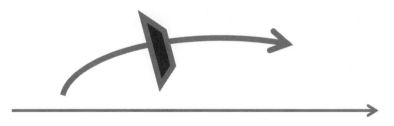

　ちなみにこれらの例もそうなのですが，時間モデルと空間モデルの対象は排他的なものではなく，どちらかのモデルでないと説明できないというわけではありません。それでも事柄に応じて，どちらかのモデルだと「より説明しやすい」ということはあるので，この本では2つのモデルを援用しています。

〈政策と幸福〉

　そのように政策の役割は，各人の空間モデルにおける「幅」ないしは自由を確保しつつ，各人が時間モデルの中でそれぞれストーリーを描いていくことを可能にするところにあるというのが，この本の基本的な考え方です。それが幸福の実現，不幸の除去ないし緩和につながるという説明になります。

　幸福／不幸は各人の感じ方・生き方による部分も多いにせよ，そのように社会の中で実現できる部分は沢山あって，それがこの本で扱う社会問題と政策の意味合いということになります。

　政策というと，より社会全体や国家に関わるような，大きな事柄を目標としているイメージがあるかもしれません。戦後の国民所得倍増計画や日本列島改造論，最近であれば働き方改革とか IT 政策などが思い浮かぶでしょう。

　しかしそれらの大きな政策目標であっても，同時に「人間にとっての幸福／不幸」に焦点をあてて，考えていくことが大切です。空間モデルと時間モデルに即して考えるということは，問題やその解決のあり方が，人間にとってどういう意味を持つのかをつねに意識するために有用だと考えられます。

〈不幸の除去〉

　これらを受けて，この本では「幸福を増加させる」というよりは，どちらかというと「不幸を減らす・緩和する」ないしは「幸福追求の阻害要因を取り除く」ということにウェイトが置かれることになります。

　何を幸福と考えるかは，人それぞれです。それを政策で直接的に実現しようとするのは危険でもあります。これに対して，不幸な要因を除去することについては，多くの人の福利を共通に引き上げることが多いのです。もちろんそれについても利害が対立することはありますが，病気の治癒にせよ，虐待の防止にせよ，その不幸の除去自体については価値観が一致する場合が多いのです。

　もっともこの本では，不幸の除去を「福利の向上」と表現することがあります。いわばゼロからプラスになるのも，マイナスからゼロになるのも，同じように福利の向上とみられるからです。たとえば医療が充実して，病気が治るようになっても，それで幸福が増したとはいいづらいかもしれませんが，それでも福利は向上するといっておかしくないだろうという意味合いです。

〈公私の分担〉

ところで福利の向上（あるいは福利の低下を食い止める・復旧する）というときの内実としては，「私的な利益」と「公的な利益」があります。

社会といっても個人の集合体で，しょせんは個々人が作っているものなので，個人を離れて（あるいは個人を超えるところで）公的な利益というのを想定するのは適切でないかもしれません。とくに「全体のために個々人が犠牲になる」という事態には十分な注意が必要です。

それでも，たとえば「ゴミのポイ捨てはよくない」ということの理由を説明するのに，具体的に，他の個々人のどういう利益を侵害するからという理由をフィクショナルに構成することも不可能ではありませんが，それが端的に皆の（公的な）利益を損ねるからと説明する方が，無理がないように思います。

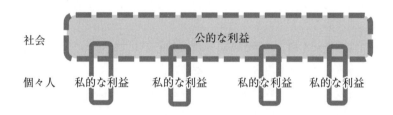

直感的には，公的な利益と私的な利益とは「複素数的」な位置づけにあります。つまり単純に合算できないのです。それは私的な利益同士でも同様です。

そこではしかし，個々人の自由や利益を多少縮減させても，社会全体の利益を維持，増大させる方がよい場合があります。たとえば税金を払うというのは個々人の財産権の一部を譲り渡すことでもありますが，それによって運営される公共サービスは社会全体に貢献します。それが個々の国民全員に直接恩恵が及ぶわけではないとしても，税金の負担を是認できることが多いでしょう。

ですから公的な利益というものがあること自体は認めたうえで，それを私的な利益とはきちんと分けて，たとえば「どのくらいの私的な利益と引き換えに，どのくらいの公的な利益が実現されるのか」というような形で分析的にみていくことが大切でしょう（ここは議論があるところで，公私の二元論に伴う弊害や，公私の間に公共を挟む必要性なども指摘されていますが，少なくとも公私の利益を分けて考えた方が，直截に議論しやすいように思われます）。

〈政策とは何か〉──学際的アプローチの必要性

　政策は英語でポリシー（policy）といいますが，その語源は警察（police）やギリシャの都市国家とも通じています。

　かつてのギリシャの都市国家では，全員が集合して物事を決めていました（それが社会全体を相手にする政治の姿だったともいえます）。しかしその後，近代国家とその対極に主体的な市民が成立すると，政府の役割は限定されます。それがいわゆる夜警国家です。法学では警察目的・警察許可という概念があり，それは今日のいわゆる警察ではなく，夜警国家的な意味合いです。

　それが現代では様々なシステムの分化・独立に伴い，全体的・一方的な施策による問題解決は難しくなりました。そのなかではシステムの「狭間」に諸問題が発生して，各システムの調整を通じて解決するしかなくなっているのです。

　それは別の見方からすると，各システムに即した固有の学問だけでは問題解決が難しいということでもあります。経済学や法学，政治学だけでは無理なのです。同時にそれを超える学問というのは存在せず，結局はそれらすべてを駆使して，あるいは適宜組み合わせて，解決にあたっていくしかないといえます。それが今日の社会問題と政策が置かれている位相なのではないでしょうか。

BOOKSHELF　　**社会問題を考える本棚**

・この本でのアプローチは，いわゆる法政策学の業績を参考にしている部分があります。法政策学については平井宜雄『法政策学（第2版）』（有斐閣，1995年）が古典的な位置づけにあります。これを受け継ぐものとして吉田邦彦『民法学と公共政策講義録』（信山社，2018年）があります。

・公私の区分と自由に関する考え方（いわゆるリベラリズムの考え方）については，アイザィア・バーリン『自由論』（みすず書房，2018年）所収の「二つの自由」という有名な論文があります。

・いわゆる政策科学全般については，宮川公男『政策科学入門』（東洋経済新報社，1995年）が標準的な議論を紹介しています。

PATHWAY〔社会問題への小径〕——ネット上の「名言」

「何もかも失ったと思う時でも，まだ未来だけは残っている」という言葉がボブ・ディランの「名言」として，ノーベル賞を取った頃（2016年）から，インターネット上でよく見かけるようになりました。

筆者は高校時代からのボブ・ディランのファンなのですが，これについては記憶にないし，何となく「ボブ・ディランらしくない」言葉なので，ネットで調べてみたのですが，その出典はまったく書かれていないままで拡散されているのです。

ただ似たようなフレーズはいくつかあるのですが，おそらく1997年に発表されたアルバム「Time Out of Mind」に収められている「Tryin' to Get to Heaven」（天国が閉まらぬうちに）という曲の中の一節

　　　When you think that you've lost everything

　　　　　You find out you can always lose a little more †

を誰かがアレンジして上記の「名言」となり，それが多くの人の心をとらえて流布しているのではないかと思います。

しかし，もしそうだとするとやや問題です。上記のフレーズは，「すべてを失ったと思う時でも，まだもう少し（失う余地が）ある」という意味なので，「最悪だと思っても，もっと下がある」という趣旨にもとれるからです。どちらの趣旨で受け取るかは各人に任せられているというべきかもしれません。

それでも上記の「名言」が流布するのは，未来が残っているということ自体が，たとえ不幸と思われる状況にあっても，人間にとって本質的な支えないしは希望となるからでしょう。

この本で援用している時間モデルのヨコ軸は，必ずしも実年齢とは関係ありません。いつからでも，人間は出発して，新たなストーリーを描いていくことができます。またそれができないときに，それを可能にするのが政策の役割でもあるでしょう。あわせてそのように未来に向けて，現存する空間モデルを組みなおしていくことも可能であり，それも政策の役割です。

それにしても，ネット上の情報には，くれぐれも注意が必要です。

† ボブ・ディラン，佐藤良明訳『The Lyrics 1974-2012』（岩波書店，2020年）
　　　　　　　　　　　　　　　　　　　　　　　　　393ページ

AFTERWORD（余滴）── 身近な政策と幸福

> 人間は安全な沿岸航海をして一生を終えるのが最高の生き方とは言えない。
>
> 生命を賭して沖に乗り出すことに，人間はみずからの生の意味づけを，生きがいを見出してきた。それは無論外面的な行為のみならず，愛といった内面的な冒険にもあてはまる事柄である。
>
> しかし，そのことが可能であるためには，日常的な正常さを正しく把握して，それを静かに整えることが重要だと私は思う。
>
> 中井久夫 †

精神科医・中井久夫が1964年に書いたものですが，この本が目指そうとする二方面作戦──平穏な日常と，積極的なチャレンジの双方を重視する──について，これほど的確に表現した文章はありません。

政策によって，人間の幸福が実現できると考えるのは，思い上がりでしょう。それでも政策によって，幸福を阻害する要因を除去したり緩和したりするのは可能なことが多いのです。何をしても無駄だというシニカルな見方もありますが，社会はそれほど堅固なものではなく，動かせる部分も沢山あります。

また政策というと，政治的な権力闘争の結果でしかないというイメージもあるかもしれませんが，（ニクラス・ルーマンがいうように）むしろそのような政治の役割は限定されてきているのが現代社会でもあります。

さらに身近な領域にも多くの社会問題があり，そしてそれを解決する余地があります。たとえば所属する組織や学校で，あるいは日常生活の中でも。

実際問題として，人々の「幸福／不幸」に影響するのは，国家規模や世界規模の大きな問題であるよりも，身近な諸問題であることが多いでしょう。直近ではコロナ禍がそうかもしれませんが，むしろ政府（国や自治体）からの全体的な施策が届きづらいところで，多くの問題が生じているともいえます。

それらを「静かに整える」というのは，取り組む価値がある事柄なのです。

† 中井久夫「現代における生きがい」『関与と観察』（みすず書房，2005年）所収

3 自殺とメンタル
── 精神疾患，うつ ──

● あなたは微分型？積分型？ ●

フロントストーリー

　二人の浮浪者の話。

　自殺したがっている浮浪者の訴えを聞いて，仲間の浮浪者がすっかり同情してしまう。どこかで手に入れた残り物のウイスキーで酒盛りをする。二人で適当な死に場所を探して歩く。やっと某所でいい枝振りの松をみつける。自殺志願の浮浪者が首をくくるのを，仲間が親切に手伝ってやる。

　自殺者が発見されたとき，その仲間は近くの石に腰をおろして泣いていた。警官の尋問に対して，男はただ「待っていた」とだけ答えた。「何を待っていたのか」と聞かれても，それに答えることはできなかった。

安部公房『笑う月』より †

　長生きしていれば，ノーベル文学賞を取っただろうといわれる前衛小説家・安部公房（1924-1993）による掌編です。「何を待っていたのか」は，もちろん議論が分かれるところでしょう。

　トリッキーな解釈かもしれませんが筆者自身は，彼は「友の到来」を待っていたのではないかと感じます。そして実際にはじめて友を得て，力を合わせて事業を成し遂げた瞬間に，そのかけがえのない友は消えてしまったということではなかったかと思いました。もちろん一つの解釈にすぎません。

　それにしても，なぜ人間は自殺してしまうのでしょうか。熟慮の上で，意志の力によってということもあるでしょう。しかしそうではなく，精神を病んでいたということは大いにあり得ます。そんなとき，彼（自殺志願者）に対して，仲間はどう振舞えばよかったのでしょうか。そこには自殺が必ずしもパーソナルな問題にとどまらない契機があります。

　そういう精神・メンタルの問題が，このパートのテーマです。

† 安部公房『笑う月』（新潮文庫，1984 年）

◆ 問題の所在——それは「問題」なのか，問題はどこにあるのか

そもそも自殺は「問題」なのでしょうか。まったく問題ではない，勝手ではないかという指摘は十分あり得ます。

とりわけ自己決定の対象ではないかという議論があります。自分の命なのだから，どう扱ってもいいだろうという話です。もちろん周りの人が悲しむとしても，周りを喜ばせるのだけが人生ではありません。他人の喜ぶように一生を終えても，本人としては後悔するだけかもしれません。とりわけ親のいう通りに生きて，一生を棒に振ることもあり得ます。

しかし生命や身体は，自分の所有物であり，自由に処分して構わないといい切ることにも疑問があります。なぜそういえるのでしょうか。いつそれを誰から獲得したのでしょう。決して自分の力だけで得たものではないはずです。

さらに仮に生命や身体は自分のものだとしても，生命や身体（またその一部）を勝手に売買することは，現行法でも許されてはいません。法律のルールは，個人の自己決定権を100％認める方向とは大幅に異なっています。

〈社会問題としての契機〉

他方，仮にそこに「問題」があるとしても，自殺するかしないかは，もっぱら個人的な事柄で，社会的な問題ではないだろうという指摘はありえます。

しかし最近ではコロナ禍による失業率の上昇が，自殺の増加をもたらすということがいわれています。この点，すでに19世紀にデュルケーム（1858-1917）という社会学のご先祖様みたいな人が『自殺論』という本で，個々人の要因とは別に，社会のあり方が自殺の数に影響することを明らかにしているのです。

また自殺の要因には，メンタル的な要素が影響しているケースが多いことが統計上示されています。しかしなぜメンタルの問題を抱えることになったかといえば，そこにはまた社会のあり方が関与していることが考えられます。

もしそうだとすれば，自殺にはやはり社会的な側面があり，逆にいえば社会的に解決すべき，あるいは少なくとも解決可能であることが示唆されます。

そこでこのパートでは，この本全体のイントロの続きも兼ねて，自殺を切り口に，「うつ病」をはじめとするメンタルの問題を見ていきたいと思います。

◆モデルによる分析・検討

〈時間モデルによる理解〉

　自殺とは何でしょうか。これを時間モデル【タテ軸を人生の達成や幸福として，時間の経過の中でその実現を図るものと想定するモデル】にあてはめてみれば，人生のある段階で，自分自身の判断でそれを一挙にゼロに引き戻す行為だといえます（なお自殺という表現を避けて「自死」と呼ぶこともありますが，ここでは一般的な表記に従っています）。

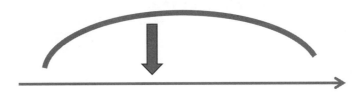

　もっとも自分自身の判断という点を重視すれば，そうではない見方もできます。自殺によって，より高い・よりよいポジションに自分を引き上げられると判断するからこそ，自殺するのだという見方も可能でしょう。

　とくに自分の人生がダウントレンド（下降局面）にある場合，そんな状態を長く続けるよりは，一挙にゼロにしてしまった方が，本人としては幸福度を引き上げるという判断はあり得るわけです。

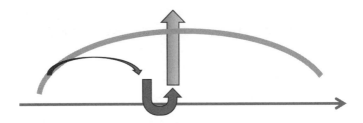

　こういう発想は，とくに殉教や無理心中の場合に妥当しますが，一定の精神障害においてもみられます。より良い別の世界に移行するために，現世での命を絶ち切るというような考え方です。もっともそうとでも考えないと，自殺などできないという見方もあるでしょう。

〈空間モデルによる理解〉

　他方，空間モデル【人間や物事がある幅の枠内に位置していて，時には左右に行き来するというモデル】にあてはめてみると，やや別の見方も可能です。

　すなわち人間の精神（メンタル）状態というものは，ヨコ軸に「苦／楽」をおくと，日常生活の中ではその「すり鉢」のような枠の中で振幅しているのですが，ある段階で，それを飛び出してしまうことがあります。

　毎日には，楽しい時も楽しくない時もあります。それが極端に楽しければ「ハイ」（狂騒状態）になってしまうものの，逆にあまりにもつらいと，閾値を突破して自殺してしまうのだと考えるわけです。

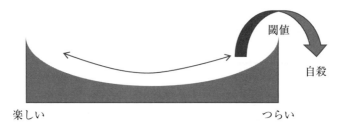

　通常は，その閾値に至る「すり鉢の傾斜」は結構きついので，簡単には閾値を越えず，ある程度のところで坂を登り切れずに戻ってくるわけです。しかしいろいろな要因に後押しされて，気づかないうちに坂を登り切ってしまうと，一挙に反対側に落ちてしまうという説明になります。

　しかしそのメンタルの「幅」とは，何なのでしょうか。ここでは精神医学の知見を借りて，人間が自分自身を統合している幅と考えることができます。

〈精神科医・中井久夫の説明〉

　以下はあくまで一つの説明ですが，精神科医・中井久夫は，人間がメンタル的に健康な状態というのは，「自分がユニーク・アイであり，同時に，ワンオブゼムでもあるということを理解している状態」だと述べています。

　人間にとっては，自分自身の独自性が大切ですが，それだけを貫いては生きていけず，同時に他の人たちとも関わりながら，社会の一員として，ある意味では妥協しながら生きていくものです。

　それを空間モデルにあてはめると，個々の人間は，「自分中心」の左端から，「他人や社会に合わせる」という右端に至る，ある程度の枠のなかで振幅（スウィング）しながらバランスを取っているものといえます。ある時には「遠慮せずにもっと強くいえばよかった・我を通せばよかった」とか，逆に「いい過ぎた・もっと相手のことを配慮すればよかった」などと，時に悩みながらバランスを保っているのが普通の状態，いいかえればメンタル的に健康な状態といえるでしょう。

自分重視　　　　　　　　　　　　他人・社会重視／無力感
（思い込み）　　　　　　　　　　（生きている意味がない）

　もちろん人（あるいは性格）によって右側に寄っていたり，左側に寄っていたりするものです。「自分勝手・わがままな人」と，「他人まかせ・優柔不断な人」というような対比が当てはまるでしょう。それでも多くの場合，一定の枠のなかには収まっているものです。社会と折り合いを付けつつ，同時に自分自身を保っている（統合している）わけです。

〈自殺の位置づけ〉

　ところがこのとき，極端に自分本位になってしまったり（左端），逆に自分というものを失ってしまったり（右端）すると，メンタル的に危うくなります。
　たとえばストーカーは前者の典型で，自分の立場しか見えなくなり，「なんで自分のこの気持ちが，相手に伝わらないのだろう」と思ってしまうのです。他にも「極端な思い込み」としか思えない理由にもとづく犯罪などはしばしば報じられます。
　逆に後者は，自分の存在意義，生きていく意味を失ってしまった状態といえます。あくまで比喩的な説明ではありますが，このような形で閾値を越えてしまったのが，うつ病にもとづく自殺だと位置づけることが可能です。

うつ病の典型的な状態は,「エネルギーが完全に切れてしまう」というもの
です。そして「自分はもう取り返しがつかない」と思ってしまうといわれます。
　このとき本人としては,自分が行ける道は,そういう死ぬ(自殺する)方向
しかないと思い込んでしまうのです。それはたとえば高速で運転している時や,
風雨の強い時には視野が狭くなるのと同じように,本当に「その道しかない」
と思って「坂を上りきって」しまうのです。本人としては,追い詰められつつ
も「判断」しているわけで,それがうつ病のなせる業なのです。

〈自殺と精神疾患〉

　自殺の要因としては統計上,「健康問題」がもっとも多く(例年半数程度),
そのなかでも精神疾患が多い(その半数以上)といわれています。
　毎年の自殺数は,かつての3万人程度から,近年では2万人程度に落ち着い
ていますが,その多くは精神を病んでいることになります。しかも死んでし
まってからでは,精神疾患の診断はできないので,統計数値よりもっと多いか
もしれません。もちろん自分で死ぬという不合理な行動をするのは,それ自体
で精神疾患の可能性も高いということでもあるでしょう。
　その自殺の内訳としては,統合失調症とうつ病が多いのですが,精神疾患の
患者数自体に関しては,うつ病が多いのです(生涯有病率は1割程度といわれま
す)。他方,より直接的に問題行動が目立つのは,統合失調症でしょう(生涯
有病率は1%程度といわれます)。
　この統合失調症は,かつては精神分裂病といわれていましたが,差別的な用
語だということで,呼称が変更されました(2002年)。うつ病と同じものと思
われることもあるのですが,少なくとも症状としては対極的で,妄想・幻覚・
幻聴などに基づいて突拍子もない行動をとることがあります。

〈代表的な精神疾患——うつ病と統合失調症〉

　精神疾患は,この2つだけではありません。不安障害や摂食障害,パーソナ
リティ障害,発達障害等々,様々な類型が知られており,そのそれぞれについ
て多くの問題があります。それでもこのうつ病と統合失調症の2つは,類型的
に対照的なものとして位置づけられることが多いのです。

　この2つについて，精神科医の木村敏（1931-2021）は，過去にこだわるうつ病，未来に振り回される統合失調症という形で対比して位置付けました。また中井久夫は積分的なうつ病，微分的な統合失調症という形で対比しました。かつて浅田彰はこれをパラノ型，スキゾ型（スキゾフレニック＝分裂病気質）と定式化して，一時期流行語にもなりました。

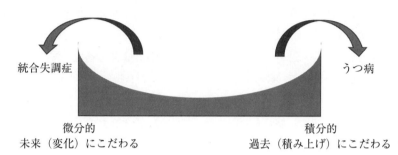

統合失調症　　　　　　　　　　　　　　　　　　うつ病

　　　　微分的　　　　　　　　　　　　　　　積分的
　　未来（変化）にこだわる　　　　　　過去（積み上げ）にこだわる

　これに関連して中井久夫は，狩猟社会は微分的であり，農耕社会は積分的だといっています。狩猟社会では，獲物の「気配を感じる・先取りする」ことが大切であるのに対して，農耕社会での仕事は「積み上げ型」です。だから狩猟時代には微分型の人間は重宝されましたが，時代とともに隠れて暮らすようになり，現代では統合失調症として病院に封じ込められているというのです。

TERMINOLOGY 　豆知識　精神疾患／精神障害

　ここまでうつ病等について，メンタルの問題，精神疾患という言い方をしてきました。そもそも精神や心とは何かは難問ですが，脳と密接な関係があるものの，「部品が（目に見える形で）壊れている」というものではなく（つまり脳自体の病気という説明に尽きるものではなく），脳の機能・働きの問題であり，いいかえれば外の世界──社会がかかわる事柄だといえます。
　ちなみに身体的な病気のように，治療によって完全に治るということは少なく，その意味では障害（症状や欠損が固定している）に近い面があるともいえます。ですが薬や治療を通じて，かなり安定的な状態を保つことは可能です（これを寛解といいます）。そういうこともあり，場面や用法により，「精神疾患」（精神病）と呼ばれることも，「精神障害」と呼ばれることもあります。

◆政策的対応に向けたヒント──現代社会と精神疾患

　うつ病は，とくにまじめな人，几帳面な人がなりやすいといわれます。もともとそういう気質は，今日のような「積み上げ型」の仕事が多い社会には適しているはずでした。

　ところが現代はそういう人たちに対して，ますます精緻な作業を強いる時代でもあります。その複雑さの度合は高まる一方で，「積分型の行動様式」で乗り切ろうとしても，追いつかなくなる可能性が従来よりも格段に増しています。パソコンの操作にせよ，もろもろのコンプライアンス遵守にせよ，「皆と同じようにやっていく」ということ自体のハードルが歴然と上がってきているのです。

　そういうのを気にしない人もいるわけですが，たとえばもともと空間モデルで「右側寄り」のところにいる人が，何とか皆に後れを取らずにうまくやらなくては，と焦ってしまうと，空間モデルの「右の端」の方に一挙に追い詰められたりするのでしょう。

　そうだとすれば，そういう自殺は自己決定などとはいっていられず，政策的に減らす方策を模索すべきでしょう。つまり自殺やメンタルの問題は，一方では精神医療の問題なのですが，他方ではまさに社会的な問題であるということです。いいかえれば社会に働きかけることで，少なくとも減らす余地があるということです。

〈ミクロレベルでの対応〉

　そこでひとつには，危険なケースへのアプローチが必要です。それは空間モデルでいえば，人が自殺への「坂道」を上りかけているときに，なんとか閾値を超えないように，いわば「摩擦」を増やすということです。

「摩擦」を増やして
登りづらくする

　具体的には，とにかく誰かが「ちょっとヘンだ」と気付くこと，そして声を
かけてみること自体が大切です。精神疾患のタイプによっては，指摘されても
本人がそれを強く否定することもあるのですが，うつ病では，本人は単に気づ
かないだけということが多いのです。もちろん本人自身で気づければ，それに
越したことはありません。

　そこでは精神科クリニックなどが，あちこちにあるということ自体が大きな
意味を持ちます。病院の精神科とか精神（科）病院というと，大げさで深刻な
感じがしますが，ちょっと近所のメンタルクリニックに寄ってみる，というこ
とならできるかもしれないからです。

　ですが，それに気づく役割が期待され，さらには気づく責任を負うべきなの
は，勤め人についていえば，やはり雇い主・会社側でしょう。そこで労働安全
衛生法では，雇い主に対して「心理的な負担の程度を把握するための検査」
（いわゆるストレスチェック）などを義務付けています（66条の10）。

　ただ厄介なことに，うつ病の確定診断は，通常2週間の症状固定が要件なの
です。しかし悲しいことに，追い詰められた状態にあると，しばしばその間に
閾値を越えて，自殺してしまうのです。

　その意味では，とくに日常的に接している職場の上司などは，これに早期に
気づけるチャンスがあるはずです。とはいえむしろ職場の上司が本人を「追い
込んでいる」ケースも少なくありません。そうだとすれば，労災保険における
業務災害の認定に際して，上司などが「気づかなかった責任」を厳しく問うよ
うにあらかじめ定めておくことには意味があるでしょう。そのことが次の悲劇
を防ぐことにつながります（労災保険については➡ **16. 職場環境と労働条件**）。

〈マクロレベルでの対応〉

　これらに加えて，より大きな社会のあり方も問題にする余地はあります。

　たとえば身体障害については，建物（社会）の側でバリアフリーにすれば，
多くの人が普通に利用できます。それと同様に精神疾患についても，社会の側，
とくに雇用の場において「枠」を広げて，より幅広く「従業員のあり方」を受
け入れられるようになれば，問題は緩和する可能性があります。

そのような観点から，労働時間をはじめとする職場環境・労働条件，雇用の場のあり方を見直していくことは重要な課題です（➡ **16. 職場環境と労働条件**）。

　とくに失業率の上昇が自殺数の増加をもたらすとよくいわれますが，もしそうだとしても，景気対策によって雇用を増やすことだけが，唯一の解決の方策ではないはずです。

BOOKSHELF　社会問題を考える本棚

・精神疾患に関する本は無数に出ていますが，松本卓也『心の病気ってなんだろう？』（平凡社，2019 年）は，分かりやすく解説しています。「中学生の質問箱」というサブタイトルですが，濃い内容が書かれています。

・精神科医の中井久夫は，その専門領域にとどまらず幅広く影響を与えている稀代の論者・実践家です。本文で紹介した内容は『分裂病と人類』（東京大学出版会，1982 年）に主に書かれていますが，他にも多くの著作があり，ちくま学芸文庫でも印象的なエッセイ等を読むことができます。

・自殺については，厚生労働省が『自殺対策白書』を出しており，統計や現在の政策などを網羅的にみることができます。

・野間宏「崩壊感覚」『暗い絵・顔の中の赤い月』（講談社文芸文庫，2010 年）所収は，外からみた自殺のリアリティを描いた暗い短編小説です。

PATHWAY〔社会問題への小径〕—— 犯罪と精神疾患

凶悪な犯罪などで，裁判になると，しばしば弁護士が加害者の精神鑑定を求めるという話になり，単に罪から逃げようとしているだけではないかとの疑念を払拭できないことがあるかもしれません。

だから「精神障害者であっても，責任を取って，罪に服して刑務所に行くべきだ」と力説されることも多く，それは正義感にもとづく主張なので非難するものではないのですが，精神障害等への理解が十分かどうかは問われるところでしょう。それは単に処遇の問題として「収監より治療・療養だ」といっているわけではありません。

典型的な統合失調症の人の場合，幻覚や幻聴は，本当にそう見えたり，聞こえたりするのです。それは本人にとってはリアルなことであり，たとえば普通の人でも，溶けていたら甘くてとても舐められないようなアイスクリームが，冷えて固まっていれば，すごくおいしいと感じるのと同じでしょう。

〈本人がやったことではあるけれど〉

たとえば誰かに脅されて，やむなく犯罪に及んだとします。先輩に強要されて万引きしたとか，会社の上司に命令されて書類を偽造したというケースです。そのとき，本人がやったことではあるけれども，本人に100％責任があるとはいえないし，本人だけを強く罰するのが適切とも思えません。

統合失調症の場合，それが幻覚や幻聴，あるいは思い込みのせいであることが多いのです。上記の一般人のケースとの距離は，それほど遠くありません。いや違いがあるとすれば，それはまさに障害ないし病気のせいだといえます。（ただしいわゆるパーソナリティ（人格）障害の場合は，障害のせいではなく「元々そういう人」だということで，刑罰が科されることが多いようです。）

なお「犯罪をしても，精神疾患のふりをすれば罪を免れられるのか」と思う人もいるかもしれませんが，そのように精神疾患はリアルなものですから，仮に一般人が精神疾患の〔演技〕をして罪を逃れようとしても，簡単に見抜かれてしまうでしょう。

AFTERWORD（余滴）──「うつっぽい」とうつ病とは違う

> ほとんど「死にそうだった」人生の一時期を，私は何度か思い出すことができる。でもその時期でも生物としての私は普通に生きており，とくに「死にそう」ではなかったのだ。逆にそのようなとき，私は逆説的にも「死にたくなった」りしたのである。
>
> 藤山直樹 †

　うつ病の厄介なところは，自分では気づかないことが多い点かもしれません。多くの人が「自分がうつ病だと診断されて，驚いた」といいます。

　とくに「うつ病」というと，「うつっぽい」状態の延長で，イメージしやすいように思えるのですが，むしろそのことが落とし穴なのです。うつ病にもいろいろあって，とくに「新型うつ病」まで入れると話が変わって来るのですが，少なくとも典型的なうつ病は，「うつっぽい」とは一線を画するのです。

　もちろん症状は人によって違いますが，たとえばストレスでは「胃が痛い」ことが多いのに対して，うつ病では「おなか」が痛かったりします。またストレスでは「夜，寝られない」ことが多いのですが，うつ病ではむしろ「朝，目が覚めてしまう」（しかし力がないので起きられない）といわれます（午後になると力が出てきたりします）。何よりストレスは，ストレス源がなくなれば消えていきますが，うつ病の場合は，原因と思われる事態が改善しても，症状は改善しなかったりするのです。

　藤山直樹がいっているように，「生物」としては全然「死にそう」ではないにもかかわらず，うつ病によって「もう死ぬしかない」と思い込んで自殺してしまうのは，本当に残念なことです。

　ですから社会問題としての政策的な対応とあわせて，一人一人がメンタルの問題に関心を持ち，一定の知識を持っておくことは，とても大切な──場合によっては人の生命を左右する──ことだといえます。

† 藤山直樹『落語の国の精神分析』（みすず書房，2012 年）

4 健康と医療
── 生活習慣，公的医療保険 ──

● 医療費「犯人捜し」の迷宮 ●

フロントストーリー

　人が生まれて死ぬところが家だとすれば，100年前とは言わない，50年前までは確かにそうだったとすれば，いつのまにかわれわれは家を失ったらしい。

　少なくとも北京原人からでも50万年以来われわれの世代まで，人は自分の住処で生まれ死んできたのだ。われわれは家の，家郷の本質を失ったのだ。始源と終末を切り捨てて，その中間だけのいわゆる生活の場としての家とは一体何だろうか。

　始源と終末のドラマと神秘を受けもつのは，いまや病院である。病院はいまや病気を癒すためだけの一施設ではない。それはわれわれの生の両端に無限にのびている神秘にたずさわるいわば神殿のようなものだ。

日野啓三「カラスのいる神殿」より †

　人間は，一体どこから来て，最後はどこに行くのでしょうか。

　現代都市を見つめてきた小説家・日野啓三（1929-2002）によれば，このゴーギャン的な問いに対する答えは，今や「病院」です。人間は病院で生まれて，最後はまた病院に行って死ぬのです。途中でもしばしば病院通い。私たちは，基本的に病人という存在なのであり，人生とは，入院と通院と，その合間の若干の事柄に尽きるのかもしれません。

　しかも医療の「進撃」は止まらず，日常生活における病気の予防，病気になる可能性にかかる遺伝子情報の検討，さらには死ぬときに向けた自己決定まで，病院から離れている間も医療のことから離れられなくなりつつあります。

　そうやって健康を維持するのは，私たちの「喜び」なのでしょうか，それとも「勤め」なのでしょうか。そういう健康と医療の問題が，このパートのテーマです。　　　　　　　† 日野啓三『遙かなるものの呼ぶ声』（中公文庫，2001年）

◆ 問題の所在──それは「問題」なのか，どこに問題があるのか

　医療については，同じ社会保障の中でも公的年金のような制度不信は招いていません。それは年金のような「遠い約束」ではなく，私たちが日常的に医療機関のお世話になっていて，そのおかげで実際に助かっているという実感を持てているからでしょう（年金については➡ 11. 老後と年金）。

　それでも医療は社会保障の大きな予算項目として，関心が寄せられることが多くあります。それは各人にとって，毎月の保険料や医療機関の窓口で支払う負担がどんどん大きくなっているからですし，日本全体として医療費の負担が重くなりすぎるのではないかということもあります。

　そこでは何が医療費増加をもたらしているのかという「犯人捜し」になることが多く，その延長で，食生活をはじめとするライフスタイル，自己決定にかかる事柄などが問題にされることも多くなっています。

〈社会的な問題としての契機〉

　そこで今日的には，ひとつには医療費増加が本当に「問題」なのかを見極める必要があるでしょう。

　経済成長もあるなかで，その範囲内にほぼ収まっているのであれば，マクロ経済的に医療費負担が耐えられないものでもないはずです。むしろ日本は医療費を押さえすぎだという議論もあることに注目すべきです。国際的に対 GDP 比でみると，先進国の中でとくに日本が高いわけではありません。政府の予算をもっと医療費に傾斜させるべきだという議論も十分あり得ます。

　ただ別途，医療費増加の「犯人」といわれることが多い諸項目については，精査を要します。とりわけいわゆる生活習慣病，終末期医療，超高額医療などが槍玉にあがることが多く，その延長でライフスタイルや自己決定にかかる事柄なども議論の俎上に載せられます。

　これらは本当に「犯人」であり，それを「やっつければ」問題は解決するのでしょうか。このパートではそれらの問題について，今後のとるべき政策との関係で見ていきたいと思います。

◆図解による分析・検討

〈時間モデルによる理解〉

まず医療とはどんなものかを時間モデルで見てみましょう。【タテ軸は健康に生活を送れている水準です。】

人間は生きていくうちに，傷病（病気やケガ）に見舞われることがあります。そうすると一挙にその健康の度合い（同時に生活の質）が落ちてしまいます。

医療とは，そこでの傷病の治療であり，基本的には病気になる（あるいはケガをする）前に戻すというのが目標となります。

もちろん完全には戻らないことはありますし，むしろ最後は誰しも治らずに死んでしまうのですが，しかし治療行為というのは基本的には「元に戻す」のが目標です。誰しも病院にいって，「治った」ことはあるでしょう。

ただ日本人の死因を見ると，悪性新生物（がん）・心疾患・脳血管疾患などが多く，これらはしばしば急性ではなく，どちらかというと慢性疾患の末に亡くなるという性格を持ちます。かつての感染症などの急性疾患のウェイトは小さくなっているのです（新型コロナは別として）。

慢性医療のウェイトが大きくなると，そこではむしろ「支える」という性格が強くなります。完全に治すというのではなく，ある程度のところで維持するのが目標になることが多いわけです（その点では介護とも似ています）。

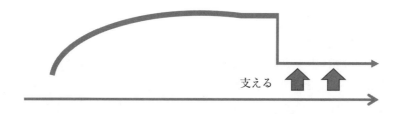

急性期医療では，モデルに即していえば，いわば落ち込んでいるのを無理や
り引っ張り上げるわけですから，大変な力技で，人手もかかるし費用もかかり
ます。うまくいかないと，そのまま死んでしまうこともあります。

　他方，慢性医療においても，「支える」ために人手はかかるし，（時には上記
のような当座の治療に加えて）長期にわたって費用がかかり続けるところがあり
ます。そのため医療費の観点からも大きく問題とされるのです。

〈空間モデルによる理解〉

　医療費の統計をみると，厚生労働省の分析では，いわゆる生活習慣病にかか
る医療費は全体の約3割を占めています。これは手術等で一挙に治療できるも
のではなく，逆に一発で死んでしまうものでもなく，長期間にわたって継続的
な治療を要するし，その間の薬剤投与も多くなるためです。

　他方，これは予防する余地があり，政策的に「先手を打てる」可能性がある
ため，注目されているものでもあります。これらを早期に発見するために，い
わゆるメタボ健診等も重視されているわけです。

　これを空間モデルに当てはめると，たとえば枠内が健康状態で，その枠から
逸脱してしまった状態が疾病だと位置づけられます。

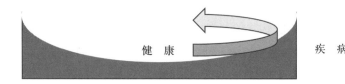

　そこでは右端から逸脱して疾病にならないように（閾値の前で折り返せるよう
に），さらにいえばそもそも右端に寄って行かないように「予防する」ことに
意味があるということになります。

〈いわゆる生活習慣病〉

　いわゆる生活習慣病とは糖尿病・脂質異常症・高血圧・高尿酸血症などを指
す総称で，かつては成人病といわれていましたが，105歳まで生きた医師・日
野原重明（1911-2017）の命名により，今ではよくこう呼ばれています。

　生活習慣に起因する病気という意味で，西洋的なライフスタイルの広がりとともに増加し，食生活や運動不足の影響も大きいとされています。メタボリックシンドローム（metabolic syndrome：内臓に付着した脂肪による肥満とそれによる疾患）対策もこの系列の問題です。

　これらは脳血管疾患，心疾患などの日本人の代表的な死因とのつながりも大きく，典型例としてたばこと肺がんの連関はよく知られています。

　また飲酒によって肝臓を傷めて，最終的には肝臓がんになりやすいことも知られています。それに限らず糖尿病や高血圧も，普段の生活習慣（食生活や運動不足）によるところが大きく，そのことから健康指導等を通じて生活習慣を改善すれば，医療費問題にも資するという話になります。

〈健康寿命論〉

　その関係で，「健康寿命」を重視すべきだという議論も有力です。QOL（quality of life：生活の質）が高くて健康である期間を少しでも伸ばすことを，政策目標とするべきだというものです。

　これはいいかえれば健康状態ないしは QOL の「総合計」の極大化を図ろうとするものです。そのためには若い時から，予防や生活習慣の改善をおこなって，そもそもダウントレンドにならないようにすることが推奨されます。

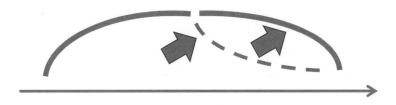

　時間モデルに当てはめてみると，時系列に沿った曲線によって囲まれる「面積」の最大化（ないしは積分値の最大化）を目指すものだといえます。【タテ軸は健康状態ないし QOL です。】

　これまでは，しばしばその着地点，すなわち寿命の延伸が目標と考えられてきたのですが，そうではなくて，むしろ高い健康水準を長く維持することを目標とするわけです。

〈予防の効果とコスト〉

　これは社会的な政策目標としては分かりやすいものです。ただし，いくつかの疑問はあります。

　たとえばそういう方向に健康寿命を延ばしていくと，最期はどうなるのか，いきなり「真下に落下する」のかという疑問はあります。いわゆるPPK（ピンピンコロリ）は一つの理想かもしれませんが，そういう風に突然亡くなるケースでは（たとえば新型コロナの例からしても）つらい面も伴うように思います。

　ないしはそうでなく，全体のカーブが後ろにシフトするだけで，少なくとも合計した医療費のかかり方はあまり変わらず，予防のために費用をかけた分だけ，費用の合計は多くなるという可能性もあります。

　その意味では，そもそも予防の効果はどこまであるのか，予防医療もコストがかかる中では，費用対効果をよく見極める必要がありそうです。

　さらに生活習慣と疾病の因果関係は明確には見定めづらく（たとえばある人の肝臓がんの原因が飲酒だったかどうかを証明するのは困難です），ひるがえって生活習慣を変えるとどこまで疾病を予防できるかも明確ではありません。

　その点からは「生活習慣病」という表現自体への疑問も指摘されています。

〈ライフスタイルへの介入〉

　別の角度からの問題として，ライフスタイルに介入することの是非があります。ミシェル・フーコー（哲学者。1926-1984）が強調した「生権力」の問題，権力が生き方をコントロールすることの危険性です。

　もし単に国家財政（あるいは医療費）を節減するために，ライフスタイルをコントロールするとしたら，それは自由への侵害でしょう。たとえば「子どもを作る・作らない」という選択への介入を考えればそのことは明らかです。

　他方，国民自身も長く健康寿命を享受したいのだが，自分ではなかなかできない（哲学ではこれをアクラシアと呼びます）とすれば理由は立ちますが，それは医療で自己決定を重視すべきだという議論とは正反対でもあります。

　西洋的なライフスタイルにより，生活は華やかになり，栄養状態も改善されて，寿命も延びました。いわゆる生活習慣病やそれに伴う医療費は，見方によってはその「つけ」，コストとして甘受すべきだという印象もあります。

〈日本の医療保険制度〉

そこで改めて，日本の公的医療保険制度についてみておきましょう。

日本では医療サービスは社会保険（医療保険）制度を通じて提供されています。あらかじめ保険料を払っておいて，病気やケガをしたときに，医療サービスを利用するという仕組みです。おそらく保険診療という形で医療保険制度を利用したことがない人はいないでしょう。

勤め人は，勤め先を通じて健康保険または健康保険組合に加入しており，それ以外の自営や農林水産業の人たちなどは，市町村の国民健康保険に加入しています。そしてそれぞれ保険料を払っていれば，病気やケガに際して，保険診療として，原則として3割負担で医療を受けられます。

窓口で払っているのは，原則としてかかった医療費の3割で，逆にいえばそれを 3.333…倍した額が実際にかかった医療費なのです。

ちなみにこの医療費は公定価格で，診療報酬といいます。たとえばこの注射は1本いくら，レントゲンは1枚いくら，この手術はいくらという形で個々に決まっています。薬についても同じような仕組み（薬価制度）があります。

最近では明細を窓口でもらえることが多いので，そこでは個々の価格のもととなる点数をみられると思います。1点10円なので，その合計額の3割を窓口で払っているわけです。

TERMINOLOGY　豆知識　社会保険／生命保険

この本では，「社会保険」という言葉がここではじめて出てきました。

保険というと，テレビCMでおなじみの生命保険や損害保険がありますが（あわせて民間保険といいます），それとは別に国や自治体が運営して，対象となる国民全員が加入する「社会保険」が日本では5つあります（この本でも順次出てきます）。勤め人は給与から保険料が天引きされるのが普通です。

日本の社会保障においては，社会保険が重要な位置を占めています。社会保険以外では，生活保護や公衆衛生，社会福祉なども，社会保障の内容です。

ところで生命保険も生活保護も，ともに「生保（セイホ）」と略されることがあって，紛らわしいです。同様に，社会保障も社会保険も「社保（シャホ）」と略されることがあります。

〈医療提供体制〉

医療への不満のひとつが「3時間待って3分診療」です。しかし国によっては，いきなり病院に行ったところで，3時間待っても診てもらえないことは多いのです。「3時間待てば，ちゃんと診療してくれる」というのはありがたいことで，日本の医療の満足度は先進諸国の中でも高い方といわれます。

それでもなぜ病院が混むかというと，医師や病院の数の問題というよりは，日本は基本的にフリーアクセスで，「いつでも，どの医療機関にも」かかることができるからです。だからどうしても混むところは混んでしまうのです。

混むくらいなら仕方がないとしても，そのことが医療資源の効率性を損ねている（ムダが多い）とも指摘されます（介護保険が作られた背景にもこの点があります（**➡ 7. 認知症と介護**）。この点はコロナ禍でも問題となりました）。

〈医者と病院〉

もともと医者と病院とは別の系列のものです。医者は「人」であり，病院は「場所」です。ですから医者が1人でやっている小さな診療所と，多数の病床（ベッド）を有する病院とは，歴史的な経緯からすると「別物」なのです。

それが近代になって，場所と人とが国家の下で「装置として一体化」されたといえるのですが，それでも西洋ではその経緯から，病院は公立が多く，医療機関の間での機能分担が進んでいます。

医者（人）　　　　　　病院（場所）

ところが日本では明治期に西洋医学を広めるために，自由開業制とされ，医者が日本全国に小さな医院を構えました。その中で大きくなるものも出てきたわけです。そこで現在では医師が一人でやっている小さな診療所から，巨大な総合病院までが，「マトリョーシカ」的に連続的に配置されています。

そのため日本の医療法では診療所と病院とが入院ベッド数が20人以上かどうかだけで区分されています（1条の5）。そうするとフリーアクセスのもとでは，患者の偏在・集中の問題も生じるわけです。

〈医療機関の機能分化論〉

このような構造は，結果的にむしろ全体としての医療費を抑制しているとも指摘されています。それは国民が適切な医療を受けるチャンスが削られているということでもあります。

そこで日本でも医療機関の機能分化の徹底が提唱されています。つまり病気の際は，まずそれぞれの「かかりつけ医」（ホームドクター）のところに行くという形です。かかりつけ医は過去の病歴や家族の状況なども参照しながら治療にあたり，自分の手に負えなければ適切に振り分けて，込み入った治療は専門病院に任せるわけです。逆に高度な設備を備えた専門病院は，それを必要とする患者に集中できます。そうすればたぶん病院での待ち時間も減ります。

たとえばイギリスでは，まず「かかりつけ医」に診てもらわないと，いきなり専門病院には行けません。だからゲートキーパー（門番）といわれます。

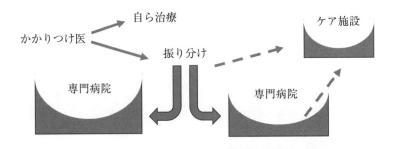

日本ではまだそこまで行っていませんが，大病院で「紹介状がない場合は，高い初診料をいただきます」というのは，「かかりつけ医」を必ず経由させる一歩手前の誘導策です（医療保険の保険外併用療養費の一つの事例です）。

もっともこれは低所得者に対して差別的だともいえます。富裕層は気にせず大病院に飛び込んで，初診料を払ってフリーアクセスを享受できるからです。

それともう一つ，「かかりつけ医」の育成というのが，実は大きなハードルです。何でもまず自分で診て，必要に応じて適切に振り分ける「かかりつけ医」というのは，とても難しい仕事なのです。

たとえば学校の先生でも，自分の専門に特化して教えればいい大学の教員より，どんな教科も教えなければならない小学校の先生の方が大変なのです。

◆政策的対応に向けたヒント──超高額医療の登場

医療費の増加が，国家財政を圧迫するという危惧がよく語られますが，個々に論点を分けて考えていく方が生産的でしょう。その観点から，ここまでいわゆる生活習慣病と，医療機関の機能分化論を中心にみてきました。

これらとは別に，急性期疾患を含めて，とても高額な治療方法や治療薬などが次々開発されています。日本でもすでにオプジーボやCAR−T細胞療法が話題になりましたが，たとえばゾルゲンスマという遺伝子治療薬は患者1人に1億6700万円かかります。多くの人数に投与したら，大変な価格になります（国民医療費は全体でも40兆円規模なのです）。医療技術の進歩や新薬の開発は，医療費の限りない膨張をもたらすように思われます。

しかしすでにみた日本の医療保険，診療報酬（および薬価）の仕組みからすると，これをコントロールすることは不可能ではありません。価格を安く設定するとか，極論すれば保険適用しないということは可能です。

もちろんそうすると，その薬や治療を使えない（生き延びるチャンスが得られない）とか，今後の新薬の開発意欲がそがれるとか，いろいろ懸念はあります。実際的には，適用対象の範囲（絞り込み）も問題となります。それでも，とにかく放っておくと医療費が際限なく膨張するというものではないのです。

BOOKSHELF　社会問題を考える本棚

・少し古くなりましたが，医療全般については，池上直己・J.C.キャンベル『日本の医療』（中公新書，1996年）が名著の誉れ高いものです。

・近藤克則『「健康格差社会」を生き抜く』（朝日新書，2012年）は，いわゆる医療格差について，また健康寿命論について面白く解説しています。

・ミシェル・フーコー「医学の危機あるいは反医学の危機？」『フーコー・コレクション4』（ちくま学芸文庫，2006年）は近代医療や病院という仕組みがいかに形成されたかを解明した「知の巨人」フーコーの講演です。

・ディーノ・ブッツァーティの短編小説「七階」『神を見た犬』（光文社古典新訳文庫，2007年）所収は，病いの本質に迫る傑作です。

PATHWAY〔社会問題への小径〕——終末期医療をめぐる神話と現実

　老人医療費は高齢化に伴って，不可避的に増えてきます。高齢になると，どうしても病気がちになるからです。それでもかなり医療費は圧縮されていて，たとえば長期入院は制限されるようになっています。また介護保険のもとでケアとの切り分けが進み，これも医療費抑制に寄与しています（➡5.認知症と介護）。

　身内で経験がある方も多いと思うのですが，入院しても，さっさと退院に向けて「追い出される」という風であることが多いのです。それは老人医療費が増え過ぎないようにという政策（おもに診療報酬）の帰結でもあります。

　実際，一人当たりの老人医療費の「増加率」と，それ以外の人の医療費の「増加率」を比べてみると，前者が突出しているわけではないのです。

　ただそれとは別に，高齢者の中でも終末期医療に費用がかかっているのではないかということが，しばしば問題とされます。「ムダな延命医療」に過大な医療費が費やされているという指摘です。

〈終末期医療費の神話性〉

　しかしこれについても，神話にすぎないというべきでしょう。これも身内で経験がある方が多いと思いますが，いまや高齢者が入院すると，早々に「延命治療を望みますか」と文書にチェックすることを求められるのが現状です。

　定量的には，死亡前一か月にかかるのは全医療費の3%程度といわれています。また臨終に関しては，急変が多いことが知られています。まだ大丈夫だろうと思っていても，死はやって来るわけです。いいかえれば「もう死にたい」と思い悩むタイミングがあるケースは稀かもしれないということです。往々にして，死ぬ直前だったかどうかは，あとにならないと分からないのです。

　もっとも医療費の問題は別として，今日では「死に方」についての意向を表明できるチャンスはあるので，あらかじめ考えておく余地はあります。ただしこれも実際には，なかなか厄介です。たとえば人工呼吸器をつけないことにしたら，すごく苦しむことになったとか，逆に緩和医療に移行したら，体が楽になって長生きしたとか，人間の身体や生命は一筋縄ではいかないものです。

AFTERWORD（余滴）── 医療の不確実性

> タバコを1本吸うたびに，寿命が15分縮んで，その分，
> 神様はキース・リチャーズの寿命を延ばす。

　ローリング・ストーンズのギタリストであるキース・リチャーズは，数多くの伝説や実話に彩られています。

　実話としては，インタビューで「人を殺したことがありますか？」と訊かれて，「プライベートなことを聞くな」と答えた話が知られています。

　他方（実話ではない）伝説としては上記が秀逸で，同時に図らずも寿命というものの不確実性を示しています。要するに喫煙という事柄の帰結も，よく分からないということです。

　もっとも喫煙が，肺がんを引き起こしやすくするというのは確実な事柄です。SF作家のカート・ヴォネガットは，「タバコの片方には火が，もう片方にはバカがついている」とまでいっています。それでも逆に，肺がんになったからといって，それが喫煙のせいであったかどうかは断定できません。喫煙しなくても肺がんにはなります。

　さらに医療費との関係は，もっと複雑です。喫煙をやめることが医療費対策になるように思えますが，実際には肺がんになった場合は，進行が早いので，医療費はあまりかからない（要するにすぐに死んでしまう）ことも多いのです。

　そんなことも含めて生活習慣と疾病，さらに医療費の関係は複雑というしかなく，「こうすると，こうなる」という経路は確定しづらいのです。そのことを前提にすれば，ライフスタイルに介入しすぎる政策には注意すべきでしょう。

　考えてみれば，終末期医療ではもっぱら「本人の自己決定」が重視される風潮がある一方で，それ以前の段階では食生活などの生活習慣への介入が主唱されるのは，やや矛盾するようでもあります。

　キース・リチャーズに健康指導などを持ち掛けたら，「プライベートなことに口を出すな」と怒られそうです。

50

5 認知症と介護
── 介護保険・ケアの担い手──

● 誰が誰に対して，誰のためにケアをするのか ●

フロントストーリー

　わたしが聞いた中上健次（小説家。1946-1992）の最後の逸話は，次のようなものだった。

　中上は癌が脳に達し，もはや盲目同然となって，日夜苦悶に喘いでいた。かつては荒ぶる神然として人を畏れさせた巨躯（きょく）もすっかり萎びてしまい，ただ蒲団に横たわって死を待つばかりであった。

　傍らに控えていた老いたる母親が見かねて，少しでも苦痛を和らげようと，その背を摩（さす）ろうとした。中上はそれを断り，親に背を摩ってもらうとは親不孝だと，切れ切れに弱々しい声で語った。そしてかわりに自分が摩ってやろうと申し出た。彼は今ではひどく軽くなった躰を人に支えて起こしてもらい，力ない手で母親の背中を何回か摩った。

　それは彼が床から身を起こした最後のことだった。

四方田犬彦『摩滅の賦』より †

　「さする」というのは，「ケアをする」あるいは「介護する」ということの一つのプリミティブな形かもしれません。「手当て」という言葉もあります。

　ケアや介護とは何かについては多くの議論がありますが，「いつくしむ」というニュアンスはあるように思います。弱っているもの，さらには死に逝くものを「さする」というのが介護の一つの見方でしょう。

　もっとも今日の介護においては，しばしば認知症が大きな問題となります。そこでは上記のような光景とはまったく異なる場面が多くなります。

　またそれらを通じて，誰が介護・ケアの主体となるのかは，別の重要なテーマです。日本では介護保険制度によって，介護は家族以外のプロにまかせるという方向に舵を切ったようにも見えますが，実態はそうでもないようです。

　意外と複雑な介護・ケアの問題が，このパートのテーマです。

† 四方田犬彦『摩滅の賦』（筑摩書房，2003 年）

◆ 問題の所在——それは「問題」なのか，どこに問題があるのか

介護や認知症が大きな「問題」であることには，疑問はないでしょう。

ただ，とりわけ認知症については，かつては「ボケたら勝ち」と思われることがよくありました。周りは迷惑だが，本人は呑気なものだという見方です。

しかしこれはほとんどの場合，端的に間違いです。認知症により自分や周囲の状況がうまく理解できないというのは，本人にとっても大変つらいことなのです。たとえば私たちも，急に停電になったり暗い道を歩くときは，前も周囲も見えずに大変不安なものですが，それと少し似ているかもしれません。

また認知症にならない場合でも，加齢によって足腰が弱って「寝たきり」になる場合は少なくありません。これも本人にとっては大変に不便で，不本意なことです。これらの場合，誰かに介護・ケアしてもらう必要が生じます。

〈社会的な問題としての契機〉

ところがこの「介護を要する側」の問題とあわせて，より大きいかもしれないのは，「誰が」介護・ケアをするのかという問題です。具体的には周囲の人たち，とりわけ家族にとって，むしろ深刻な問題であることが多いのです。

これが病気であれば，医療機関に行かないとどうにもなりません。もちろん家族が付き添う，看病するというようなことには大きな意味がありますが，直接の治療にあたるのは，医療のプロの人たちです。

しかし介護については，そうではない面があるためにむしろ問題が複雑になります。「さする」ことだって立派なケアであり，その意味では必ずしも狭義のプロでなくてもできるわけです。

そこで「家族介護」をするために，仕事をやめて，老親や配偶者の面倒を見るということが珍しくはありません。高齢者夫婦同士で「老老介護」，さらに認知症の夫婦同士で「認認介護」というケースも少なくありません。

このように介護については，問題のあり方が少し複雑な点で，いいかえれば介護という事柄自体が社会問題としての契機をはらんでいることを，このパートでは見ていきたいと思います。

◆モデルによる分析・検討

〈空間モデルによる理解〉

　ここではまず認知症について，2つのモデルにあてはめてみたいと思います。人間の認知能力が加齢によって変化する場合を，空間モデルにあてはめると，中央から右方向へのシフトとして位置づけることができます。

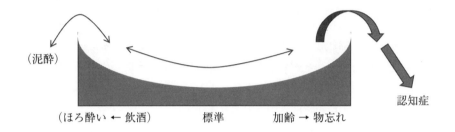

（泥酔）

（ほろ酔い ← 飲酒）　　　　標準　　　　加齢 → 物忘れ

認知症

　認知症は，「物忘れ」とは異なります。人間は加齢によって「物忘れ」が多くなりますが，忘れても，いわれれば思い出せる程度であれば，標準的な「枠」の中に収まっています。しかし認知症は，そこから大きく逸脱しているのです。

　よくいわれる例では，朝ご飯に何を食べたのか思い出せないのは「物忘れ」ですが，朝ご飯を食べたこと自体を思い出せないのが認知症です。

　脳内に多くの情報が入っていて，なかなか特定の情報を取り出すことができないと「物忘れ」になるのですが，認知症の場合は「朝ご飯を食べた」という情報が脳内に「そもそも入らない」のです。だから「さっき食べたじゃないですか」といわれても，「食べていない」と頑強に主張したりするわけです。

　たとえば飲酒によって泥酔すると，やはり一時的には認知能力が失われますが，酔いがさめれば戻ってきます。しかし加齢によって閾値を越えてしまうと，認知能力は衰える一方で，基本的にはもう戻ってこないのです（その原因・衰え方には脳血管性やアルツハイマー型などバリエーションがあります）。

　同様に，加齢に伴って身体能力が落ちて，閾値を越えて身体能力の枠内から逸脱してしまうと「寝たきり」になってしまいます。さらに認知症と寝たきりとは，相乗的に作用する傾向があります。

〈時間モデルによる理解〉

次に時間モデルにあてはめると，認知症は以下のように位置づけることができます。【タテ軸は認知能力の水準です。】

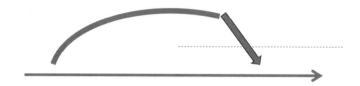

認知症は，加齢とともに認知能力が衰えてきて，一定のラインを超えてしまうものと位置付けることができます。人間は加齢とともに，体力も，知力も衰えてくるとすれば，これはむしろ必然的なダウントレンドともいえ，特に長く生きると認知症の発症率は格段に上がります。

各器官にも脳にも寿命があるわけで，足腰が弱くなると寝たきりになりやすいのと同様に，長生きすると，認知症から逃れることはなかなか難しいようです。経年劣化した機械部品なら取り替えることができますが，脳は取り替えるというわけにはいかず，いいかえれば「治す」のは難しいのです。

しかしそこで認知症を「治せない」としても，「支える」ことはできるわけです。身体能力でいえば，たとえば足が弱ってきたときに，その足を元のように強くする（戻す）ことはできないとしても，一緒に付き添って歩くことはできます。それが医療とは異なるケア，介護ということでもあります。

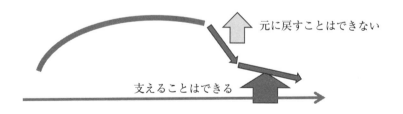

元に戻すことはできない

支えることはできる

「支える」というのは，「治す」のとは異なります。たとえば杖やメガネは，決して体や目を「治す」ものではありませんが，確実に「支える」ものです。その「人手版」が，介護サービスだともいえます。そうだとすると，必ずしも専門家（たとえば医者）でなくても，ケアはできる余地があるわけです。

それこそ「さする」ことなら誰でもできますし，それが相手の力になることはあります。ただし介護でも，その種類や相手に応じて，求められる技能や専門性の有無・程度は異なりますし，またその巧拙や事故の危険性もあります。それらのことが社会問題としての中核的な問題性を形成し，適切なケアを行う体制づくりが政策課題になります。

なお用語として「看護」（看護職，看護師）というのは，法律的には「療養上の世話又は診療の補助」と位置付けられており，医療のサポートとあわせて介護職とともにケア，すなわち「支える」という役割を大いに担っています。

〈介護の担い手〉

実際に日本では，そういう介護の役割をもっぱら家族が担ってきました。とりわけ女性，「嫁の役割」と考えられてきたところがあります。男性は毎日会社に行って働かなければならないから，というわけです。

またそれでオーバーフローした分については，一つには病院がその役割を担ってきました。つまり治らないけれども，お世話をしてもらうため（だけ）に入院させておくということで，「社会的入院」といわれます。

もう一つには，社会福祉の領域で，「措置」という形で対応されていました。措置というのは，大雑把に書いてしまえば「特別に対応が必要な人たちを，まとめて施設に入れる」というイメージのものです（➡ 9. 障害と共生）。

しかし，そういうことでは全然追いつかなくなってきたのです。高齢化・長寿化によって，介護を要する高齢者は急速に増えました。とくに医療の進歩により脳疾患の場合に「救命」できるようになり，それ自体はよいことなのですが，その分，介護を要する高齢者が増えたのです。一方，女性就労も一般化して，家庭内で介護するというのはますます困難になりました。

〈公的介護保険制度の創設〉

　現在の日本では，介護保険が中心的な役割を担っています。これは 2000 年から始まったもので，日本の 5 つの社会保険（対象が全員加入する公的な保険制度）の中ではもっとも新しいものです。

　そこでは「介護の社会化」が大きな題目でした。つまり家族の介護負担を，社会全体で分かち合うということです。介護自体は家族でも一定程度はできるとしても，外部サービスとして社会的に提供するようにして，家族を介護負担による疲弊から解放するという意味あいです。

　ただし介護保険法の目的規定をみると，基本的に介護を要する高齢者のための制度という趣旨で書かれていて，その自立が謳われています。医療保険が患者のためにあるのと同じように，介護保険は介護を要する高齢者自身のためという意味合いがあり，そこには制度目的にいわば二重性があります。

　介護保険で提供される介護サービスには，施設サービスと在宅サービスがありますが，在宅サービスが大きく位置づけられていることが特徴です。ホームヘルパーが家にやってきてケアしてくれるというのが代表的なサービスです。

　施設サービスの代表は特別養護老人ホームへの入所です。かつての「措置」ではそのように「まとめて施設に収容する」という形が一般的だったのです（ほかに老人保健施設，介護医療院などの施設サービスがあります）。

　ですが介護保険では，高齢者がそれぞれの住み慣れた家にいたまま，必要に応じてサービスを利用するという形態が，中心に位置付けられているのです。

介護保険の在宅サービス　　家族介護

施設

住み慣れた自宅

　ちなみにホームヘルプと並んで介護保険の中心的なメニューであるデイサービスとショートステイは，施設を利用したサービスですが，これは在宅介護を続けるための（いわば一時的に施設を利用する）ものなので，在宅サービスと位置付けられています（あわせて在宅 3 本柱といわれます）。

〈介護保険の仕組み〉

　介護保険は，政府による社会保険の一つです。ですからあらかじめ保険料を払っておいて，介護が必要になったときに，保険給付として介護サービス（施設への入所や在宅サービス）を利用するというものです。その点では基本的な仕組みは医療保険と似ています。

　ただ大きく異なるのは，最初に要介護認定というプロセスがあり，各人の要介護度（介護を要する度合い）の重さを測るということです。よく高齢者同士で「誰彼は1だ」とか「2になった」とか話していることがあります。

　まずそういう状態を測って，それに応じて利用できるサービス量を決めるという仕組みです。医療では「やれるだけやる」あるいは「どのくらいの治療が必要だったか，あとからわかる」という性格がありますが，それとは違うわけです。そもそも介護では医療と違って「治る」わけではないので，それを継続的に支える（そのための度合いを測る）ということでもあります。

　保険料を払うのは40歳以上で，生きている間は払い続けます。高齢になると，収入がなくなることが多いのですが，年金から天引きされるのが一般的です。このことは年金の実質的な削減だと批判されることもありますが，どのみち介護費用は必要になるわけですから，年金による老後保障の一環として，各人の介護費用を保険によってリスク分散・平準化した保険料に充てているものとも評価できます。ちなみに高齢者医療でも同じ仕組みが取られています。

TERMINOLOGY 　豆知識　認知症／痴呆

　認知症は，かつて「痴呆」といわれていたのですが，差別的な表現だということで呼称が変更され（2004年），病気というニュアンスが強くなりました。しかしそれを医療によって治す（元に戻す）というのは基本的には困難です。

　現在でも一定の薬（代表的にはドネペジル）により，認知症の進行を遅くできるとされています。ただ，あくまで進行を遅らすもので，治すわけではありません。その意味で病気というよりは，脳機能の障害という性格を持ちます。

　大体半年か一年ごとに，認知症の原因物質が突き止められたとか，認知症への有効な対策・薬品が発見・発明されたと報じられたりします。しかし少なくとも一挙に「治す」というところにはなかなか至らないようです。

◆政策的対応に向けたヒント──介護保険は問題を解決したか

　介護保険制度が作られる時には，かなり議論や不安はあったのですが，現在ではかなり定着しているというべきでしょう。もちろん様々な不満や批判は聞かれ，特に依然として家族の介護負担は軽くなっていないといわれるのですが，介護保険がない時と比べて，より悪くなったとか，あるいは介護保険が作られない方がよかったとか，そういうことはないように思います。

　制度には「下支え効果」があって，政策の効果が十分出ていないといわれる場合でも，「もしそれが無かったら，もっとひどいことになっていた」ということはあるものです。

　いずれにせよ大きかったのは，この制度の創設を通じて「市場」が成立して，社会に介護サービスが広がったということです。以前は町なかに介護ショップのようなものはありませんでしたし，介護サービスの送迎のクルマを見かけることもなかったのです。このサービスの普及を通じて，社会全体として介護問題に対処するという「構え」が生まれたのは，大きな変化でした。

　他方，介護保険ができた時と比べて，制度改正を重ねて制度が非常に複雑になり，また利用抑制が厳しくなっているところがあります。加えて介護に関しては，いくつか具体的な課題が浮上しています。

〈介護の人材不足〉

　とりわけ介護の人材不足と，その要因として低賃金が指摘されています。しかし社会保険の仕組みの下では，ここはむしろコントロールできるはずです。

　通常，ある業種の賃金を増やそうとしても，政策的に直接それを実現することはできません。賃金は各企業が決めるものだからです。だからせいぜい政府としては経済団体にお願いするくらいです。

　しかし社会保険（介護保険）においては，むしろ保険給付の価格，具体的には個々のサービスの価格である介護報酬を通じて，直接コントロールできます。たとえばホームヘルプ1時間の単価を大幅に引き上げれば，介護サービスは人件費が中心ですから，介護職員の賃金も一挙に上げられるはずです。介護労働は社会保険を通じて，市場経済に組み入れられているのです。

ところが実際は，介護報酬の引き上げは保険財政に負担をもたらすため，むしろ低く抑えられてしまうことが多いのです。それでも少なくとも仕組みとしては，引き上げる方向にコントロールするのも十分可能であるはずなのです。

〈家族介護への支援〉

介護保険を作ったのが「介護の社会化のため」だとすれば，家族自身による介護に対しては，何も支給しないのが筋でしょう。見知らぬヘルパーよりも家族に世話してほしいということはあるものですが，家族介護を制度的に評価したら，話が逆になってしまいます。

実際，介護保険の創設時には，家族介護への現金給付もギリギリまで議論されたのですが，家族（特に女性）による介護の固定化につながるとして，例外的な場合を除いて見送られたのです。

ただケア労働の評価という意味では，別の考え方も成り立ちます。資本主義のもとでは市場で評価される賃金労働が中核にあるわけですが（➡ **15. 賃金労働と雇用社会**），それを是正することが，社会保険の仕組みの中では可能なはずです。保険給付の対象として，従来無償労働だったケースも入れ込めるからです。

もっとも同じ目的でも，賃金労働の側に風穴をあける方向もあり得ます。介護休業の充実などによる方法です。ただしこれらも「介護の社会化」とは相反する方向といえます。つまりこれによって家族介護がまた増えてしまうという「意図せざる結果」の可能性があるというべきでしょう。

介護者（ケアラー）支援の必要性が政策的な課題とされており，それは重要なのですが，その対応が結果的に家族介護への依拠を強めることにならないように留意が必要です。介護保険による外部サービスの活用が十分可能だという条件，実質的な選択肢があることが大切でしょう。

〈地域という視点〉

　さらに政策的には「地域」における介護という視点が重視されています。とくに「地域包括ケアシステム」が，近時の介護領域での重要な政策です。これは各地域において，各専門職や住民の力も結集し，保健・医療・介護・住居を総合的に提供しつつ，最期まで住み慣れた地域で暮らせるようにするというものです（その延長で「地域共生社会」というコンセプトも打ち出されています）。

　その方向性には首肯できるものがあります。実際，要介護高齢者が増えて老人ホームが足りないからといって，それを遠方に増設してそこに高齢者を集中させるというのは，効率的かもしれませんが，少なくとも多くの高齢者本人の意向に沿うものではないでしょう。

　さらに介護においては医療と比べて，専門職でなくても，地域の住民ボランティアや，高齢者同士でも担えるところがあり（そのことは介護職の専門性を否定するものではありません），そういう特性を生かした政策展開には意味があり得ます。自治体により地域特性に応じた政策展開も可能でしょう。

　しかしここでも結果的に「介護の社会化」に逆行するような事態は避けるべきでしょう。「地域社会」が担う部分はあっていいのですが，中核的な部分には介護保険を通じた外部サービスがないと，必要なところに空隙が生じたり，結局は家族に介護負担が覆いかぶさってきたりすることにもなりかねません。

　加えてこれらに関する度重なる法制度改正で，自治体は混乱していないか，また利用者にとっても分かりづらくなっていないか等にも留意を要します。

> **BOOKSHELF　社会問題を考える本棚**
>
> ・実際の介護問題に直面した人のための本は無数にありますが，斎藤正彦『親の「ぼけ」に気づいたら』（文春新書，2005 年）は，「ぼけ」という当時の呼称にかかわらず，今日でも読む価値があります。三好春樹『介護のことば』（講談社，2011 年）も 50 音カルタ形式でユニークかつ秀逸です。
>
> ・ケア全般については，広井良典『ケアを問いなおす』（ちくま新書，1977年）が幅広い視点からこの問題を見つめた嚆矢というべき本です。
>
> ・齋藤恵美子『最後の椅子』（思潮社，2005 年）は，老人ホームの高齢者たちを見つめた屈指の詩集です。

PATHWAY〔社会問題への小径〕——介護事故は「事故」か

　介護の現場で深刻な問題となっているのが，いわゆる介護事故です。老人ホーム内で，高齢者が転んで骨折したり，食事中に物をのどに詰まらせて（誤嚥（ごえん）といいます）亡くなったりする事故などのことです。

　このような場合，施設側の責任が問われて，利用者やその家族から裁判が提起されることもあります。病院での医療過誤に対応するものともいえます。

　この種の事故は，起こらない方がいいのですが，しかしたとえば食事中の誤嚥を何が何でも防ごうとすると，見守る人数には限りがある以上，栄養チューブや胃瘻（胃に穴を開けて直接栄養液を注入する）などに傾きやすくなり，それは高齢者から通常の食事の楽しみを奪うことにもなります。

　同じように転倒についても，どうしても避けようとすれば，歩かせない，動けないようにするということにもなりかねません。無理に事故を減らそうとすると，違うところに歪みが生じるのです（虐待などはもちろん話が別です）。

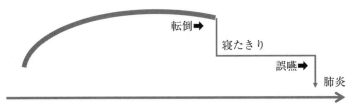

　もうひとつ重要なのは，そもそもそれらは「事故」なのかという点です。

　高齢者は一般的に，骨が脆くなり，転びやすくなります。転ぶと寝たきりになりやすく，さらに寝たきりになると，心身も衰えて，食事のときにも誤嚥を起こしやすくなります。その結果，肺炎になって亡くなるというのは，上記のモデルのように，高齢者にとっては典型的なプロセスの一つなのです。

　もしそうだとすると，転倒とか誤嚥とかの介護事故に遭遇するというのは，「事故＝アクシデント」というよりは，高齢社会における人間の標準的なライフステージ（あるいは少なくともその一つ）ではないかという気もしてくるのです（ちなみにこれらを法政策的に分析した長沼建一郎『介護事故の法政策と保険政策』（法律文化社，2011 年）は，筆者の博士論文です）。

AFTERWORD（余滴）—— 老年的超越

医師「いいニュースと悪いニュースがある。悪いニュースは，
　　　あなたは認知症だということだ」
患者「いいニュースは何ですか」
医師「家に帰るまでには，あなたはそのことを，忘れてしまう
　　　だろうということだ」

　　　　　　　　　　　　　　　　　　スラヴォイ・ジジェク†

　このパートでは，認知症や介護の「深刻さ」から話を始めました。他方，特に認知症については，「何を忘れたかを忘れた」というような笑い話もいろいろ語られます。ジョークだけでは問題は解決しませんが，それでも深刻ぶるばかりではなく，明るい面も探していきたいものです。

　たとえば認知症研究の第一人者であり，本人も認知症になった医学者・長谷川和夫は，「認知症は不便だが不幸ではない」と強調しています。

　また，スウェーデンの社会学者であるトレンスタム（1943-2016）による「老年的超越」といわれる議論も注目されます。これは超長寿の人の多くは，細かいことは気にせず，諸事に満足・感謝していく傾向があるというのです。超長寿による恵みというものがあるわけです。もしそうだとすれば，まさに「終わりよければすべてよし」です。

　さらにこれはやや極端な見方かもしれませんが，認知症は，回復しないという意味では「死に至る病」でもあります。しかしその進行は，普通は急激なものではないので，最期に至るまでの間，一定の時間は確保できます。

　人が亡くなるケースの中で，残された側にもっとも悔いを残すのが，一瞬での不慮の事故死などの，何の「お別れ」もできないケースです。認知症はそれとは対極的で，むしろ「長いお別れ」としての時間を確保できるのです。

　もっともその時間が，時として「長すぎて大変」ということはあり，それがこのパートの問題の端緒でもあった点は，忘れるわけにはいかないのですが。

† Žižek, S. (2014). *Žižek's Jokes*. Cambridge, Mass. : MIT Press.

6 家族と婚姻

── 核家族，同性カップル ──

● 私に「結婚する権利」はあるのか ●

フロントストーリー

十二番目の晩に　五番目の娘が
一番目の父親に言う
「なんだかへんだわ　あたしの肌が白すぎる」
そう言われて，光の中でよく見た父は
「ほんとうだ，二番目の母親に言わなくちゃ」
だがその二番目の母親は　七番目の息子と一緒に疾走中
走るはハイウェイ・シックスティワン

　　　　　ボブ・ディラン「ハイウェイ 61 ふたたび」より †

　ボブ・ディランの 1960 年代の代表作の一つです。ハイウェイ 61 号線上で，神は子殺しを命じ，貧民は彷徨い，1000 台の電話が散逸し，ついには世界大戦が興行として行われるという現代アメリカの悪夢を描く屈指の作品です。

　その歌詞の一節が示すように，家族というものの形も昔とは異なってきました。これほど極端でないにせよ，「夫と妻とその子」という家族形態はもはや標準といえなくなりつつあるのかもしれません。

　日本でも家族のあり方は関心の的となっていて，特に同性カップルをはじめとして，その多様性が是認され，平等な取り扱いが主張される傾向にあります。そこでは「家族のあり方は自由であるべきだ」といわれる一方，ダブルケアやヤングケアラーなどは問題とされ，「何でもいい」わけではないようです。

　他方，東日本大震災後から「家族の絆」といわれ続けています。家族のまったくいない人もいるのに，いいのだろうかと思ったりしてしまいます。そんな家族の問題が，このパートのテーマです。

† ボブ・ディラン，佐藤良明訳『The Lyrics 1961-1973』（岩波書店，2020 年）
　　　　　　　　　　　　　393 ページ（一部改変）

◆ 問題の所在——それは「問題」なのか，どこに問題があるのか

　家族のあり方は，そもそも多様で，自由なのであり，別にそこに「問題」は
ない，という立場は十分あり得ます。

　家族はこういう形でなければいけないという伝統的な規範，とりわけ世帯主
の男性がいて，専業主婦の女性がいて，子どもがいて，というのが「あるべき
姿」だという社会規範が日本では長らく幅を利かせていて，それが非常に抑圧
的に働いてきたことは事実でしょう。典型的には「まだ結婚しないのか」，「子
どもはまだか」等々の言辞です。そのことが性的マイノリティや同性カップル
への差別意識を醸成（じょうせい）してきたのも確かでしょう。

　これに抗して家族のあり方は，本来的に自由だという主張は首肯できます。
家族はまさに私的な領域であり，権力や政策が介入すべきではないという見方
も可能です。とはいえ，社会は家族に対してまったく無関心ではいられません。

〈社会的な問題としての契機〉

　たとえば不倫について，社会の見方は分かれています。貞操義務などという
と古臭いイメージがありますが，浮気は「正式な家族」への裏切りだという見
方は根強いでしょう（対照的に社会学者の上野千鶴子は「結婚があるから不倫があ
る」といい切っていますが）。

　またとくに婚姻については，いわゆる同性婚は是認される傾向が強くなって
いるものの，決して「何でもいい」というわけではなく，重婚，幼児との婚姻
や親族との婚姻，動物との婚姻への禁忌（きんき）は揺らいでいません。とくに近親婚は
一貫して「人間社会の根幹にかかわる」と考えられており，古来『オイディプ
ス王』をはじめ文学的にも大きなテーマとなってきました。

　またDV（配偶者・パートナーからの暴力）や児童虐待などに関しては，政策
はもっと家族に関与すべきだと主張される傾向があります。家族のあり方は自
由だといわれる一方で，子どもに対しては家庭的な環境を保障することが唱え
られたりします。

　加えて家族には，不可避的に外の世界との接点はあり，そこでは社会的な契
機が生じます。このパートではそれら家族の諸相を見ていきたいと思います。

◆ モデルによる分析・検討

〈空間モデルによる理解〉

　家族というのは，ある意味ではフィクショナルなものです。たとえば身体や建物と違って，実体はありません。もちろん個々の構成員は実在しますが，それらをまとめて「家族」とみるかどうかは見る人次第です。その点では国家や会社などとも似ています。あるといえばあるし，ないといえばないのです。

　ですから頭の中で，何を家族と考えるかは，まったく自由だともいえます。たとえばペットやぬいぐるみを自分の夫や妻，子どもだと考えても，あるいは世界中の人が自分の兄弟だと考えても，その人の勝手というべきでしょう。

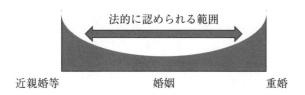

　それでも法律上は，制約や限界があります。たとえば幼児との婚姻や，親族との婚姻，動物との婚姻や重婚は法的には認められません。現行法が「正しい」かどうかは別として（つまり現行法を変えることも含めて），法は社会のルールであり，その意味では「家族とは何か」は法が決めているのです。

　他方，子どもについては，いてもいなくてもいいし，いるなら何人いてもいいし，また養子制度などもあるのですが，親から子への義務は重く，離婚のような形で法的な親子関係を解消する（親子の縁を切る，勘当する）ことはできません（ただし虐待等により親権が停止されることはあります）。

〈社会の実態としての家族モデル・専業主婦モデル〉

　法律とは別に社会の実態としても，「男性＋女性＋子ども」という家族の形態がいわばデフォルト（標準形）として通用してきたことは否定できません。これは核家族モデルであり，さらにいえば「勤め人の夫＋専業主婦＋子ども」という形の「ブレッドウィナー（男性稼ぎ主）モデル」ということでもあります。

このような「世帯主＋扶養家族（妻と子）」という家族の標準形にフィットするように，雇用や税制，社会保障も組み立てられています。たとえば年功序列賃金，生活給，税制上の配偶者控除，社会保険の被扶養者，遺族年金等々です。

そこではそれ以外のもろもろの家族形態が禁止されているわけではないけれども，縁辺的なポジションに位置づけられており，そのことによって社会生活に際して，様々な場面で支障が生じることがあります。自分たちの家族形態が，諸制度で想定されている標準形に合わないことで，また無理にそれに合わせるために，空間モデルになぞらえれば「移動のコスト」が生じるのです。

ただしここのところ急速に，夫婦共働き世帯が標準的な地位を占めるに至りました。逆に専業主婦というのはむしろ特殊な位置づけになりつつあります。

また単身世帯（生涯未婚）やDINKS（子どものいない共働き夫婦）も増えて，何が標準だといえなくなってきているのが現状ともいえます。夫婦についても婚姻届を出さない事実婚や，いわゆる同性婚などが一般化してきています。

家族の形態は自分で決められる部分がある以上，それと社会との折り合いの中で取り扱いに差が生じるのは，必ずしも不合理な差別とはいい切れません。それでも諸制度は家族形態に中立であるべきだといわれることがあります。

こうなると，政策的には家族という形態にこだわりつつ幅を広げるか，むしろ個人を基準にするかという選択ともなり得ます。家族という枠組みを重視にするか，それともこれを解体して個人単位で考えた方がよいかということですが，そこはあとでみるように対内・対外関係を分けて考えていくべきでしょう。

たとえば社会保険では，勤め人は給料比例で保険料を払っていますが，同じ給料・同じ保険料であっても，扶養家族が多い方が，多くの給付を受けられることがあります。それは給付面をみれば不公平ともいえますが，だからといって家族数が多いと保険料も高くなるとすれば，また別の不公平感が生じ得ます。

〈時間モデルによる理解〉

　ここまで空間モデルでみてきましたが，家族を時間モデルにあてはめると，新たな点が見えてきます。【タテ軸は，端的には家族の構成員の数です。】

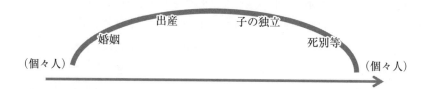

　いわゆる核家族は，婚姻により世帯を形成して始まるとみることができます。そこはパートナーの合意に基づくものですが，それ以後，子どもが家族に加わってくるときは，もちろん子ども自身の意向によるものではなく，見方によっては家族の「外」から本人の同意なしに加わってくるものともいえます。

　逆に，家族が減っていく場合もあります。配偶者とは離婚することもありますし，子どもが独立することもありますし，メンバーが亡くなることもありますし，最終的に家族が消滅することもあるわけです。そこは本人たちの意向による場合もあるし，本人の意向に反してそうなることもあります。家族形態の多様化により，さらに様々な構成員の増減パターンが生じます。

　このように家族に始まりと終わりが，また増員と減員があるということは，家族の外の社会との関係を持たざるを得ないということでもあります。個々人は，もともとは社会にぽつぽつといるわけで，家族の変動に際して個々人が浮上するわけです。個々人は実体ですが，家族はフィクションでもあるのです。

　離婚や死亡のような減員時もそうですが，とくに家族が消滅する場合には，家族以外との関わりで多くの事柄がでてきます。家族の構成員が全くいなくなることで，無主物が発生する事態は，空き家，所有者不明の土地や「墓じまい」などに関して顕在化しています。

　実は明治（旧）民法では，家の消滅について規定していました（廃家，絶家等）。ここに来て合計特殊出生率が1に近い中では，家を継ぐ人がいないというのはごく普通の事柄になり，そういう問題が再浮上しつつあるわけです。

　そのような場面では，個々人の問題にとどまらない，まさしく社会問題の契機があります。

〈家族の対内関係〉

　以上を踏まえて，個人と家族の関係を改めて見直すことができます。

　家の中というのは私的領域であり，自由に，損得抜きに居られて，またやり取りできるところです。それは厄介な法的コード（規則）から解放されて過ごせるということでもあります。そのことは人間にとって，とても貴重なことなのです（それは友人関係，恋愛関係でも，ある程度似たところはあるでしょう）。

　経済学では，「契約」より効率的なときに「組織」が選ばれると説明されることがあります。たとえば仕事ごとにいちいち契約を交わすのは面倒なので，日常的に仕事を頼む相手を，従業員として「抱え込んで」しまうのが会社組織だという説明です。家族もそういうものとして見る余地はあるでしょう。

　たとえば家にある物や財産一つ一つについて，所有権を決めて分別しなくてすむというのは，本人たちにとっては楽なことでもあるのです。いちいち「損得を考えない」でもすみます。法定相続という制度も，この観点から理解可能です（わざわざ遺言を書かなくてもすむのです）。そういう「私的領域の組織」としての意味合いは，重要であるように思います。

　しかし家族は，個人に対して抑圧的にも働き得るものです。そこでは逆に，あえて法的なコードを持ち込むべきポイントについては「フラッグ」を立てる必要があるともいえます。典型的にはDVの場合などの介入の必要性です。

〈家族の対外関係〉

　同時に，家族というのは対外関係での意味合いが非常に大きいのです。それは法的にも「一つのまとまり」として見られるということです。その方が家族自身にとっても，家族の外の人にとっても便利なのです。

　対外関係といっても身近な話で，たとえば宅配便が届くとき，本人ではなくても一緒に住んでいる家族であれば，受け取り・受け渡しが可能です。あるいは子どもが誰かの物を壊してしまったら，その親が賠償します。入院している患者が危機に陥ったら，家族が呼ばれます。子どもの成績のことで，家族が学校に呼ばれます。

　そのようなことは，まさに「家族だから」生じることです。そこで「個々人は独立の人格ですから」などといい始めたらおかしなことになります。

　誰かが亡くなったら，家族（親族）のなかで財産は相続されますし，借金（債務）があればそれも（相続放棄されない限り）相続されます。

　外から見ると，家族だということで，一定の権利義務を「共にしている」ものとみなされることがあるわけです。家族だからこそ，得られる税制上のメリットや社会保障の給付（児童手当，遺族年金，家族療養費等々）もあります。

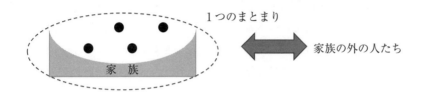

　他方，たとえば離婚する場合には，「一緒くた」だった財産なども，分ける必要が生じます。個々人が家族の中では融合しているものの，個々人が家族から離脱する（減員する）ときには，その精算が一挙に求められるともいえます。

　いいかえれば家族のあり方はそれぞれ自由でいいのですが，法的な家族である以上，社会から受ける便益もあるし，社会からの期待に応じて果たすべき義務もあるということです。それが嫌であれば，婚姻については籍を入れないということになるでしょう（ただし子どもについてはその選択肢はありません）。

　当事者にとっては，便利さと不便さはセットでもあります。そのような総合的な観点から，どこまでの家族のバリエーションを，法的に，また社会で政策的に認めるかを見定める必要があるでしょう。

TERMINOLOGY　豆知識　家族／家庭

　家族・家庭に関しては様々な言葉がありますが，そのなかで家族というのは主にそのメンバー（人）をあらわし，家庭（世帯・所帯）というのは字の通り場所も含めたニュアンスだといえます。「遠くにいても家族」なのです。
　英語だと，family は「人」をあらわす言葉です。すると家庭（世帯・所帯）に当たるのは home で，逆に場所（だけ）をあらわすのが house でしょう。
　ちなみに民俗学者の柳田國男（1875-1962）によれば，「家」はイエともヤとも読みますが，ヤは「屋」，つまり屋根，建物を示し，イエは中（火のそば）に居るというニュアンスなのです。「家」自体は両義的なわけです。

〈母子世帯──家族の「減員」の問題として〉

　母子世帯の低所得問題は深刻です。多くの母親は，働きながら子どもを育てなければなりません。ですから国からは児童手当とは別に，児童扶養手当という給付も行われています。

　ただ，母子世帯は離婚のケースが多く，考えてみれば「元の夫」はどこかにいるはずです。「勝手に離婚したのだし，子どもも希望して引き取ったのなら，母親が責任をもって育てるべきだ」という見方もあるかもしれませんが（もっともDVをはじめ，離婚せざるを得なかった場合も少なくありません），しかし親子というのはどこまでいっても親子です。民法上，未成熟子に対する扶養義務は，離婚した父親にも残っています。

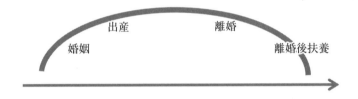

　そこで特に養育費の支払いについては，離婚時に協議で定めておくことが求められています（最近の協議離婚時の届出書類には，面会交流と養育費の分担についてのチェック欄も設けられています）。しかしきちんと決められないケースや，決められてもその通りに履行されないケースも多いのです。定期払いというのはとかく滞りがちで，一回一回裁判を起こすのも大変です。

　だからこそ，国が母子世帯に児童扶養手当を支給することの意義が大きいのですが，元の夫がきちんと面倒をみてくれるなら，国が手当を支給する必要はないともいえます。逆に，国から手当が支払われるので，元の夫は安心してサボっているということもあり得ます。そこで児童扶養手当の一定部分は夫が払うべき養育費の立替払いによる上乗せと位置づける方向性もあり得ます。とくに元の夫にお金がある場合にはそうでしょう。元妻への不払いではなく，国に対する税金の不払や滞納のようなものだと位置づければ，意識の面でも手続きの面でも法執行がスムーズになることも期待できます。

　いずれにせよ時間モデルの中で位置づけて，（多くの場合は）以前は家の中にいた父親の存在を見過ごさないことが大切でしょう。

◆**政策的対応に向けたヒント**──家族にかかる「権利」

　たとえば「結婚する権利はあるか」というのは，家族の問題を考えるときの一つの起点になるように思います。

　権利という言葉は多義的です。ただ法律学では通常，権利とは誰かに対する請求権として位置づけられます。その点で，一般的な自由とは区別されます。

　具体的にいえば，人には結婚する自由はあるけれども，結婚する権利というのがあるかといえば，誰かに特定のことを請求する権利という観点からすると，そういう権利が一般的にあるとはいえません。あらゆる人に断られたら，それでも結婚する権利があるといっても意味がないわけです。

　たとえば私はプロ野球の選手になる自由はありますが，プロ野球の選手になる権利まではあるとはいいづらい，といえば分かりやすいかもしれません。

〈いわゆる同性婚等をめぐって〉

　同じような意味合いで，夫婦が「子どもを持つ権利」があるかといえば，疑問があります。同様に，不妊の場合や同性カップルの「子どもを持つ権利」を認めてほしいという主張は，それだけでは法的な議論としてはやや無理があります。誰に対するどのような権利主張なのか，よく分からないからです。

　「普通の夫婦と同様に」という平等権的な主張がよくされるのですが，平等を梃子として，法的な権利がつねに認められるものではありません。

　とりわけ男性同士のカップルが，子どもを持つという場合には，養子なら別ですが，血をつながった実子を，ということになると（これもまた平等な権利として主張されるのですが），人工生殖や代理母を必然的に随伴することになります。そのこと自体，相当に慎重に考えるべき論点です。

　さらに子どもが出自を知る権利についても考える必要があります。子どもは婚姻の当事者ではなく，いわば家族の「外」から来るのです。

　このようにいわゆる同性婚については，それを「認める」としても，別途，男女の婚姻の場合と同じように，対外的に適切に権利義務関係を形成できるか（必要な場合には責任を負えるか）を見定める必要があります。その「対外」には「子ども」も含まれると考えるべきでしょう。

71

いくつかの自治体によるパートナーシップ制度という枠組みは，当事者からすると中途半端かもしれませんが，それらとの妥協点とも評価できるでしょう。

〈制度とスタンダード・パッケージ〉

　これらを別の角度から見ると，家族は一つの「スタンダード・パッケージ」として，型・枠組みが法律で決められているということでもあります。

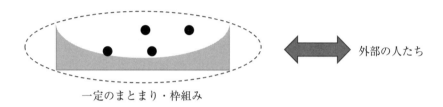

一定のまとまり・枠組み　　　　　　　　　　　外部の人たち

　同じことは会社や学校についても妥当します。それぞれ自由に組織して，その内部運営も（まさに私的領域として）自由に行って構わないのですが，それでも一定の事柄については，法律で決められているとおりに設定・運営する必要があり，それが組織に与えられる便益とセットだということです。

　それは外からその組織にアクセスする（関係を取り結ぶ）人たち，また新規に組織に参加する人たちが，自然に「こういうものだろう」と考える合理的期待に沿うように，不意打ちを避けられるように，ということでもあります。それは事前の情報開示だけでは難しいのです。

BOOKSHELF　**社会問題を考える本棚**

・30 年前の本ですが，各領域の論者の文章による『見える家，見えない家』（叢書文化の現在 3）（岩波書店，1981 年）は今でも示唆に富みます。

・下夷美幸『日本の家族と戸籍』（東京大学出版会，2019 年）は，日本における「婚姻家族」規範の制度的背景を探ります。

・日本を代表する家族法学者である水野紀子「日本家族法を考える」が『法学教室』で連載されています（2021.4～）。

・藤枝静男の短編小説「一家団欒」『悲しいだけ・欣求浄土』（講談社文芸文庫，1988 年）所収の描く家族像は，静謐かつ強烈です。

PATHWAY〔社会問題への小径〕──人工生殖と代理母

　いわゆる人工生殖には，人工（体内）授精，体外受精・顕微授精，またいわゆる代理母（代理懐胎）も含めて，様々な類型があります。呼称からして不妊治療，生殖補助医療など多くがあり，それぞれ少しずつ内実とニュアンスが異なります。

　そして当事者が夫婦に限られず，たとえば遺伝上の親，生物的な（産んだ）親，契約上の親や法的な親など，多数の関係当事者が錯綜することがあります。

　子どもが欲しいという「切実な願い」の側面が強調されがちですが，生命倫理的に危うい領域にも接していて（たとえば卵子採取自体，きわめて侵襲的な事柄です），さらにビジネスの側面もからんでいます（精子バンクなど）。

　またその背景には，子どもがいて当たり前という家族像，そしてそこは血が繋がっていなければならないという「血のミトス〈神話〉」が介在していることがあります。

　家族という概念は，排他的，差別的でもあり得るのです。家族の持つノスタルジックな面だけでなく，社会的な政策を考えるに際しては，そういう危うい面にも配意すべきでしょう。

〈代理母をめぐって〉

　たとえばいわゆる代理母にも，いろいろなパターンがありますが，その子の帰属とあわせて，そこにビジネスが関与する危険性も否定できません。

　とくに代理母契約は，仮に自由意思で行われるとしても，しばしば出産を担うのは低所得者層になるとの指摘もあります。売春と同じ構造になるのです。

　かつてはタイで代理母ビジネスが盛んになり，他国からの依頼を受けて行われることから，タイは「アジアの子宮・世界の子宮」といわれたりしました。その後規制が厳しくなり，拠点が隣国のラオスに移ったという話もあります。

　これらの領域は全般，多くの危険が潜在していることに注意すべきでしょう。民法学者の水野紀子が語っているように，「新しい命をこの世に連れてくるということに関して，私たちはもっと慎重に考えなければならないのです」（「当事者の「願望」を叶えるのが法の役目ではない」『中央公論』2014-4）。

AFTERWORD（余滴）── 家族の温かさと束縛

　今のところスクリーンで一番幸せそうなのは〝男はつらい
よ〟シリーズの主人公，車寅次郎である。彼が幸せなのは葛飾
柴又の下町的共同性にどっぷりとひたりながら，いやになれば
プイと出ても孤独な放浪を楽しめるからだ。

　柴又における寅次郎の住まいは叔父夫婦の経営する「とら
や」という団子屋である。寅さんを含めた「とらや」の家族は
つねにこの茶の間に群れている。

　旅に出さえすれば，トランク一つを持ったまま，どこでも東
映仁侠映画というよりむしろ日活アクション映画のヒーローの
ような孤独を味わい，個を安んじさせることができるのだ。そ
して人恋しくなれば，いつでも柴又の共同性の中へ帰っていけ
る。

渡辺武信「共同性の夢？」†

　家は一方では安らぎの場であり，他方では自由の制約になる場でもあります。
ですから時にはそこから飛び出したくなりますし，時にはそこに戻りたくなり
ます。それが失われると，その大切さに気付くというものでもあるでしょう。

　いわゆるリベラリズムの公私の二分論においては通常，家の中は私的領域と
位置づけられます。しかしDVや児童虐待等，家という密室内で人権が無視さ
れるケースが出てくると，私的領域とはいえ，そこに介入が必要となります。

　それでもそういう公私の二分法を完全に廃棄すべきかどうかは別の問題で
しょう。公私の区分なく，私的領域にも権力が縦横に介入するというのは考え
ものです。それは権力に対してどこまで信頼を置けるかという話でもあります。

　家族に対しては，それを肯定的に称揚する立場と，否定的にその抑圧性をと
らえる立場がありますが，政策を考える際には，そういう両方の側面があるこ
とを踏まえておく必要があります。人間の幸せは，足許での一定の安定が保証
された上で，自分なりのストーリーを描いていくことで実現されるとすれば，
家の中でその両立を実現させることが，まさに政策的な課題となります。

†『叢書文化の現在〈13〉文化の活性化』（岩波書店，1982年）所収（一部改変）

7 子どもと子育て
──保育所，児童虐待──

● 親の心子知らず，子の心親しらず ●

フロントストーリー

　今もローマ市内を流れるテヴェレ川にまつわる中世の話。

　漁師が網を引き上げたところ，「生きた魚」ではなく，「死んだ赤子」が沢山かかった。漁師たちはそれをローマ教皇（インノケンティウス３世）のもとにもっていった。

　それを知った教皇は，人間のおそろしさに心を痛め，女たちが子どもを殺さなくてもいいように，この場所に病院をたてた。

　それが今でもひっきりなしに救急患者を受け入れているローマ最古のサント・スピリト病院である。その対岸には古代ローマ以来のサンタンジェロ城（聖天使城）がある。

　今でも病院の広間には，赤子を教皇に見せる漁師の壁画と，聖天使城を背景に，赤子を川に向かって放り投げる母親の壁画が残っている。

若桑みどり「もうひとつのシスティナ礼拝堂」より †

　なぜ母親たちはテヴェレ川に赤子を捨てたのでしょうか。それはおそらく対岸に，「聖天使城」があったからです。川面に落ちていく赤子を「天使」が空中で受け止めてくれることを祈りながら──そしてどこか（あるいは天国）で健やかに育つことを願いながら──母親たちは空高くほうり投げたのではないでしょうか。

　若桑みどり（1935-2007）は西洋美術のイコノロジー（図像解釈）の第一人者ですが，だからこそこの「構図」に着目したのではないかと思います。

　追い詰められた母と子を救うというのは，古くから福祉の重要なテーマです。それは今も変わらないどころか，ますます重要性を高めていますが，その構図はかなり変わってきており，幅広く女性と子どもにとっての問題になっています。そんな子ども・子育ての問題が，このパートのテーマです。

† 『図書』638 号（2002 年）13-15 ページ。名エッセイだが，なぜか書籍には再録されていない。

◆問題の所在——それは「問題」なのか，どこに問題があるのか

　いわゆる子ども・子育てをめぐって，もっとも大きな社会問題として認識されているのは，保育所不足と児童虐待の問題でしょう。

　これらの「問題性」は，明らかであるように思えます。あわせてその解決の方向も，明らかであるように思えます。単純にいえば，保育所は足りないので急いで増やす必要があり，他方，児童虐待はあってはならないことなので，親にそれをやめさせるか，子を親から引き離すべきだということになるでしょう。

　そしてこの2つの局面は，およそ対照的に見えます。片方は苦労している共働きの夫婦で，片方は極悪人であるというように。とくに保育所不足は端的に社会全体の問題であり，児童虐待は「特殊な親」のパーソナルな問題であるともみられます。

〈社会的な問題としての契機〉

　しかしこの2つは，ある意味では同じ根っこの問題でもあります。とくに児童虐待は，親のパーソナルな問題というだけではなく，たとえば自殺などと同様に，その背景には社会的な要因があり得ます。

　たとえば家庭も特別なものではなく，一つの「場」とみれば，虐待はそこでのいじめやハラスメントと類したものと位置づけることも可能です。個々人の行為というよりは，家庭という「場」自体のあり方が問われるのです。

　あるいは賃金労働社会での通常の見方では，女性の仕事と子育ての両立のために保育所が必要だといわれますが，もちろん経緯からしてそうなるにせよ，「女性の問題」と位置づけること自体，偏った見方ともいえます。専業主「夫」も選択肢の一つでしょう。子どもの立場からすると，（母親でも父親でも保育士でも）誰であろうと，まともに育ててくれるかどうかが問題だともいえます。

　ただ，人口問題や賃金労働社会の諸問題などのしわ寄せが，この領域に一挙に集中して及びかねないのが今日的な状況でもあります。このパートでは保育所と児童虐待の2つの問題に焦点を当てて，それらを見ていきたいと思います。

◆モデルによる分析・検討

〈空間モデルによる理解〉

　子どもを育てる体制が，その親により個々に異なることは当然です。それでも子どもが育つに適する環境が極端に欠けている場合があります。

　いわば空間モデルでの閾値を越えてしまっているケースです。すなわち一つは量的不足というべき場合であり，もう一つは質的不足というべき場合です。

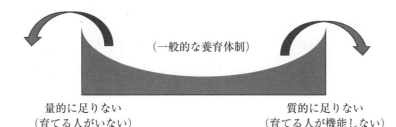

（一般的な養育体制）

量的に足りない　　　　　　　　　　　　　質的に足りない
（育てる人がいない）　　　　　　　　　（育てる人が機能しない）

「量的に足りない」というのは，要するに親が（物理的に）いない時です。

　その典型は，かつての戦災孤児です。このような子どもを受け入れていたのが児童養護施設（および乳児院）だったのです（児童養護施設は，いまは児童虐待への対応が中心的な仕事となっています）。

　戦後の児童福祉は，戦災孤児への救済から始まりました。あるいは親は生きていても，一緒に住んで，育てられないことも多かったのです。海外に行くと，子どもの物乞いに出くわすことは多いでしょう。途上国では子どもがいかに栄養失調や内戦から生き延びられるかが喫緊の課題です。

　もちろん日本も戦後すぐには大人の方もいろいろ大変で，戦争で傷ついた人（傷痍軍人）や戦争未亡人の問題も大きかったのです。とはいえ，まずもって路上にあふれる子どもたちをどうするかが急務でした（浮浪児という言い方もされ，その対処のために厚生省内に児童局が設置されました）。

　さかのぼれば日本では明治期の慈善事業家で，岡山孤児院（当初の名称は孤児教育会）を創設した石井十次（1865-1914）が「児童福祉の父」といわれ，ここに児童福祉の原点（少なくともその一つ）があります。

他方，「質的な不足」というべき問題が，児童虐待です。親がいることはいるのですが，親としての役割を果たしていない（むしろ逆のことをしている）ということで，深刻な報道が続いているのは周知のとおりです。

　これにしても，昔からあったことではあります。より極端に，子どもを売り飛ばす（売らざるを得ない）ということもあったわけですし，それ以前に「間引き」というのが公然と行われていた時代もあります。しかしこれだけ豊かな社会になった中で，児童虐待は大きな問題となっています。

〈量と質の交錯〉

　そして保育所の問題は，その両者に関わるともいえます。つまり親が「まったくいない」というわけではなく，「いる」のですが，共働きだと実質的に直接育てる親が（少なくとも日中は）いないということになります。

　その意味では母子世帯も，母親はいるのですが，生活を維持するためにはその母親が働かざるを得ないので，育てる親が「いない」ということになります。

　ところで母子世帯では児童虐待が多いことが知られています。いわば量的な不足と質的な不足とが重なってしまうのです。それは統計的には事実なのですが，だからといって「母子世帯になると，児童虐待が多くなりがちだ」と因果関係のような形で軽々に断じるのは適切ではないでしょう。

　とりわけ「母子世帯はよくない」，「離婚はよくない」とか，「父親が外で働いて，母親がしっかり家を守れば，こういうことは起こらない」などというのは妥当ではないし，もはや時代遅れの偏見というべきでしょう。

　実際には母子世帯固有の要因ではなく，より一般的な要因が，多くの母子世帯にも，それ以外の世帯にも作用していて，それが虐待に帰結していることは十分考えられます。それは端的には貧困問題であり，あるいはとくに女性の低賃金問題でもあります。もしそうだとすれば，貧困問題に全般的に対処することが，虐待問題にも実際的な事態の改善をもたらすことが期待できます。

　いいかえれば母子世帯においては量的不足と質的不足とが重なっているわけですが，ことさらに「母子世帯での虐待防止」というような固有の「問題」をテーマ設定しなくても，一般的な（保育や虐待，また貧困や労働市場への）対処によっても政策効果は期待できます。

〈保育所への入所は権利か〉

　保育所不足，待機問題が深刻な政策課題となっています。保育所入所を求め
て行政への異議申し立てなども行われています。今日的には「政府は何をして
いるのか。子どもを預けないと，働けなくて，生活が立ち行かないではない
か」という話になっています。

　ただ少なくとも歴史的な経緯からすると，保育所の利用は必ずしも自明な親
の「権利」として考えられてきたものではありませんでした。あえて誤解をお
それずに書けば，「子どもがいて，外に行って働けない。自分は外で稼いでく
るから，その間，税金で，保育所で子どもの面倒を見ていてくれ」という話で
もあります。非難が殺到しそうなのであわてて再度書いておけば，少なくとも
戦後の児童福祉の歴史においても，「保育サービスを利用する権利」の内実は，
さほど自明ではなかったということです。

　現在の児童福祉法は，「市町村は，……保護者の労働又は疾病その他の事由
により，その監護すべき乳児，幼児その他の児童について保育を必要とする場
合において，……当該児童を保育所において保育しなければならない」として
います（24条）。この「保育を必要とする」というところは，実は長らく「保
育に欠ける」と書かれていました。母親が就労せざるを得ないと「保育に欠け
てしまう」ので，まとめて保育所に収容していたという構図になるのです（親
がまったくいなければ，児童養護施設等に預けられます）。

　逆にこの構図の中では，困窮していて母親が働かざるを得ないというような
ケースを除けば，就労しているからといって，保育所を利用する「権利」とま
でいうのは難しいのです。例外的に気の毒な子どもと母親に限って，かつては
「措置」の方式で救済していたわけです（➡9.障害と共生）。

〈家族の変容〉

　しかし時代とともに，家族のあり方も変わりました。女性就労がごく普通になり，専業主婦が減って，かつては例外的だった共働きがむしろ一般的になりました。他方，少子化が深刻で，働き手不足の時代です。

　そこでは保育所についても，かつての「親に育ててもらえない子どもを集めて収容する場所」という受け止め方とは変わってきて（一時バックラッシュもありましたが），積極的に利用する公共サービスという性格のものになってきました。

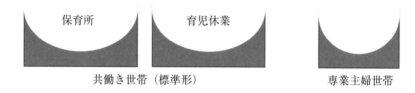

共働き世帯（標準形）　　　　　　　　　　　専業主婦世帯

　そのなかで，いろいろ制度は変遷してきたのですが，現行の仕組みで保育サービスを利用するには，まず市町村に申請して，保育の必要性と，保育必要量を示してもらいます。それをもとに，希望する保育所に申し込むということになります。いわば二度手間ですが，介護保険と同じような方法といえます（➡5. 認知症と介護）。ただし私立の保育所については，市町村と保護者が契約して，市町村が保育所に委託する形になっています。

　もっとも問題は，定員との関係です。定員より申し込みが多いと，市町村が利用調整を行うことになっています（児童福祉法24条3項，および同法附則73条1項）。すなわち市町村の方で割り当て基準などを作成して，利用者の優先度などを決めています。

　しかし現実的に保育所が足りないことから，これがいわゆる待機児童問題と「保活」をもたらすことになっているのが今日的状況です。保育サービスは「現物」ですから，足りなければどうしようもなく，その意味でも「利用する権利」までは構成しづらいといえます。同様の事態は，医療や介護についても生じ得るのですが，医療や介護では何らかの（類似ないしは代替的な）サービスは利用可能であることが多いのが保育との違いといえます。

〈保育所建設とニムビー問題〉

　そのなかでは保育士の増員とともに，保育所の増設が求められていますが，他方では子どもたちの声がうるさいということで，建設予定地の近隣住民からは「迷惑施設」として忌避（きひ）されることがよくあります。

　これは政策科学でいわれる典型的なニムビー（not in my backyard）問題です。すなわち社会的に必要な施設等の建設について，総論としてはみんな賛成でも，実際に自分の家の近くにそれが作られることには誰しも反対するという話です。原発や，汚水処理施設，米軍基地など，いろいろなケースがあります。空港や鉄道にしても，そこそこ近くにあると便利なのですが，あまりにも自宅に近くにあると，騒音をはじめとして迷惑になったりするのです。

　自治体が所有する土地であれば，反対があっても作ってしまえばいいともいえるのですが，それだと自治体と住民が正面から敵対することになるので，説明，説得や工夫が求められます。これが国の施設であれば，建設地の自治体に何らかの便益（補助金等）を提供するというのがよくある話ではあります。

　東京の南青山で児童相談所等建設への住民の反対があったことは記憶に新しいと思います（2018年）。反対は一部の住民だけだったかもしれませんが，せっかく高い金を出して南青山に家を構えた人たちの気持ちも理解できないではありません（墓地建設でも同様に反対が起きることが多いのですが，すぐ近くに青山墓地があるのは皮肉です）。ただ土地の価格は，周辺を含めた使途を織り込んで決まります。つまり周辺にそういう使途可能性がなければ，土地はもっと（もしかしたら買えないほど）高かった可能性はあるでしょう。

TERMINOLOGY 〔豆知識〕 **公共財／準公共財**

　経済学では，だれでも使える公共財（公園など）と，公共的なサービスではあるけれども，特定の人に帰属する準公共財（メリット財）とが区別されます。

　保育や福祉・教育サービスは，端的に後者です。ともに政府による提供が期待されるものの，たとえば公園を潰して保育所を建てるなどの際には，利用できる（恩恵が及ぶ）対象の違いが浮き彫りになります。

　しかも保育所をはじめ，限られた準公共財を具体的に誰にどう割り当てるかは政策的に難問で，経済学的にストレートな回答があるものではありません。

〈児童虐待と時間軸〉

　児童虐待の方は，対象児童を「放っておくわけにいかない」といういわば古典的な児童福祉の領域であり，やはり児童福祉法が対処を定めています。

　もちろん保育所のケースと比べると，「根っこ」は同じとはいえ，対応の仕方は正反対です。親が「預かってほしい」というのに対応するのではなく，逆に（虐待に際して）いかに子を親から引き離すかが課題になります。

　それは中心的には児童相談所の役割となり，特に重要なのが児童の一時保護です。児童福祉法は「児童相談所長は，必要があると認めるときは，（…），児童の安全を迅速に確保し適切な保護を図るため，又は児童の心身の状況，その置かれている環境その他の状況を把握するため，児童の一時保護を行い，又は適当な者に委託して，当該一時保護を行わせることができる」（33条1項）としています（期間はとりあえず2カ月までとされています）。

　このときに親権をふりかざす実親との調整が難しく，その辺は民法や児童虐待防止法の問題となります。

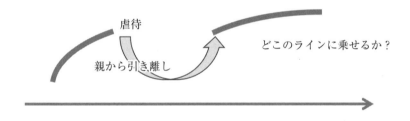

　ただ時間モデルにあてはめると，児童虐待の場面から子どもを救い出すことに関心が集中しがちですが，その場から子どもを救い出したとして，そこから子どもの人生はずっと続いていきます。親元に戻せるケースもありますが，そこでまた悲劇が繰り返されることもあります。親元に戻せないとしたら，それ以降の受け皿が必要となります。いわば継続的に保育や養育が必要になるのです。一つ間違えば人身取引になりかねない領域でもあります。

　そこで施設で暮らしてもらうとなると，おもに児童養護施設になります（すでにみたように，児童養護施設もかつてとは役割が違ってきています）。あるいは家庭的な環境ということで，近時では里親への委託も推進されています。

〈児童虐待とアディクション（嗜癖）〉

　ところで児童虐待の態様はさまざまですが，類型によってはいわゆるアディクション（嗜癖）にあたることが考えられます。

　要するに「やめられない，止められない」のです。アリストテレスはこれをアクラシアと呼びました。そんなのは言い訳に過ぎないと思われるかもしれませんが，酒やタバコ，貧乏ゆすりやスマホいじり，ゲーム依存などと同列の話といえば，誰しも心当たりがあるのではないでしょうか（➡ **3. 自殺とメンタル**）。

　しかし「同じメカニズム」とはいえ，それが自分ではなく子どもに向けられるという事態は，なんとしても阻止する必要があります。

　ただ，学校や職場でのいじめやDV（配偶者・パートナーからの暴力）でもそれが当てはまることが多いのですが，虐待している側にとっても，虐待する対象がいないと「自分の方がもたない」のです。だから親としては，何とか子どもを手許に置いておこうとするし，引き離されると取り戻そうとして，反省したふりでも謝罪でも何でもするのかもしれません。

　こういう類型で子どもを救おうとすれば，もうバサッと親子関係を切断するしかないともいえます（アメリカでは比較的躊躇なくそうするといわれます）。ただしそういう類型かどうかの見極めは難しく（たとえばネグレクトは嗜癖とは全然違います），家族関係の修復が可能なケースだってあり得ます。

　もっとも逆にいえば，誰だってそういう嗜癖を一つか二つは持っているのですから，それを何とか「行き過ぎない」ように，精神医学の知見等を踏まえて「事前」の対策を講じるのは意味があるように思います。たとえば「少しずつがまんする練習」等の方法が知られています（認知行動療法といわれます）。

　他方，仮に嗜癖が関与しているとしても，ストレスや親の社会的地位を含め，それをもたらす社会的な要因の大きさについても意識する必要があるでしょう。

◆政策的対応に向けたヒント——「初期設定」としての親

このパートでは保育所と児童虐待という2つの内容をそれぞれ検討してきましたが，冒頭でもみたように保育所と児童虐待の問題は「量的ないしは質的に親が十分ではない」というものとして，パラレルに位置づけることができます。

もしそうだとすると，対応の方向としては，「やはり親が必要か」，「どうしても親でないとダメか」という角度から共通に考えることも可能です。

保育所に関しては，育児休業との関係が重要です。「やはり親が」ということであれば，むしろ育児休業にウェイトをかけるべきだともいえ，それは賃金労働に「風穴を開ける」という意味もあります。しかし保育所には次善の策というにとどまらず，育児不安の解消や集団保育自体の意義も指摘されます。

また児童虐待については，「やはり親」にこだわって家族の修復を目指すこともあり得ますが，それにこだわらなければ，割り切って里親制度の充実などに注力する方向もあり得ます。

血の繋がりに拘泥しなければ，親はいわばデフォルト（初期設定）に過ぎないとみることも可能です。子どもは親の所有物ではありません。子どもにとっての利害を中心に適宜，養育主体を柔軟に見直していく余地もあるでしょう。

BOOKSHELF　**社会問題を考える本棚**

・フィリップ・アリエス『〈子供〉の誕生』（みすず書房，1980年）では，「子ども」という概念はヨーロッパでは近代まで存在せず，子どもとは「小さな大人」に過ぎなかったという認識が語られています。

・下夷美幸編『家族問題と家族支援』（放送大学教育振興会，2020年）は現代家族が抱える切実な問題を扱った最新の本です。貧困，非行，DV，児童虐待，家族介護，終末期支援等の重要な諸テーマを扱っています。

・団士郎『家族の練習問題』（1〜8）（ホンブロック，2006〜2019年）は家族心理療法の専門家による短編マンガ集です。虐待等の諸問題を中心に，直接的な解決が示されるわけではありませんが，心を打つストーリーが詰まっています。

PATHWAY〔社会問題への小径〕——「子ども」をどう表記するか

コドモのことをどう呼び，さらにどう表記するかは，実は厄介な問題です。

児童福祉法では児童を「満18歳に満たない者」としたうえで，「満1歳に満たない者」を乳児，「満1歳から，小学校就学の始期に達するまでの者」を幼児，「小学校就学の始期から，満18歳に達するまでの者」を少年としています（4条）。

子ども・子育て支援法の「子ども」はこの児童に近い規定といえます（18歳に達する日以後の3月31日までとされているので，少しだけ違います）。

他方，学校教育法では，幼児（幼稚園の対象）と児童を並列的に並べています（幼児は児童ではないことになります）。

これらは役所（文部科学省と厚生労働省）のなわばり争いとみることもできますが，幼稚園と保育所の関係全般と同様に，なかなか複雑です。

〈「子ども」か「子供」か〉

ところがさらにこのコドモをどう表記するかが，別途ややこしいのです。

というのは，「子供」という漢字表記は，「女子供」という蔑称のニュアンスがあるため，避けられることがあるのです。「大の男が，女子供の言うことなど聞いていられるか」という文脈での用法を嫌うのです。だからそれを避けて，コドモの主体性を重視する人たち（総じて進歩的な人たち）は，「子ども」と表記することが多いようです。

逆にそういう議論を好まない人たち（総じて保守的な人たち）は「子供」という表記にしたり，一挙に「こども」と全部ひらがなにしたりする人もいます。だから見方によっては，これは思想のリトマス試験紙だということにもなります。

しかしこういう議論は不毛だと思う人たちや，何にも気にしていない人たちは適宜両方を使うので，表記は統一されません。ちなみにこの本では（旗色不鮮明ですが）記述箇所により法律や各引用元の表記に従っています。

AFTERWORD（余滴）── 親子の愛憎

　　　ニワトリは，卵が次の卵になるための道具である。

サミュエル・バトラー（作家。1835-1902）

　親は子を愛して，大切に育てるものだと誰が決めたのでしょうか。しょせんは生物的な本能ということなのでしょうか。生物学者のドーキンスが，これらをすべて「遺伝子の狡知」としているのは有名です。

　だから「家族がみんな仲良くあるべきだ」というのも，ある種の幻想にすぎません。とくに親子がうまくいくとは限りません。

　もちろん他人同士と，家族間の関係とは違います。後者は前者よりもはるかに濃密です。だからこそ，うまくいく時は「とてもうまくいく」ので家族が大切に思えるし，逆にうまくいかない時には，家族（特に親子）だからこそ「とことんうまくいかない」のでしょう。適切な距離をとることが難しいのです。

　エディプス・コンプレックスに代表されるように，「父殺し・親殺し」は西洋社会の大テーマですが，同様に「子殺し」も西洋社会の大テーマです。創世記で，神がアブラハムにその子どもを捧げるように命令する話は，聖書全体の中でもっとも重要なエピソードの一つです。

　日本でもイザナギ・イザナミは「子殺し」の物語でもありますし，昔は「間引き」が行われ，今では妊娠中絶が行われています。児童虐待に対する激しい批判と，矛盾するとまではいいませんが，「子ども／新しい命」に対する見方は，それほど確固たるものではありません。

　芥川龍之介は「人生の悲劇の第一幕は親子となつたことにはじまつてゐる」とすらいっています。家族，とくに親子の「あるべき姿」に過度に重きを置かずに，クールに物事に処していく方がいいのかもしれません。

　いいかえれば「家族」を通じた解決ではなく，児童福祉という「古い」領域区分のなかで，児童自体に軸足を置いた問題解決を志向することも，今日的になお意義を失っていないのではないでしょうか。

8　ジェンダーとマイノリティ
──男女差別，性別役割分業──

●「男女問題」ではなく「女男問題」と表記すべきか●

フロントストーリー

　Acarophenax というダニの仲間では，母親のおなかの中で卵が幼虫にかえります。そんな幼虫たちは，何を食べて大きくなるのでしょう？なんと，母親のからだを餌とするのです。

　しかも，このダニの子どもたちは，母親の胎内で兄弟姉妹どうしで交尾をすませてから出てくるので，実際に外に出てくるのは雌だけです。

　雄は，母親のおなかの中にいるうちに，精子を姉妹に渡してしまったのですから，もうこれ以上生きていく必要はなく，生まれ出る前に死んでしまうのです。

長谷川真理子『進化とはなんだろうか』より †

　この話が印象的なのは，オスは生まれもしない──生まれる前に死んでしまう──という点でしょう。つまりオスはメスの世代交代の補助的な役割を担っているにすぎず，精子さえあれば，わざわざ独立した生命体である必要は無いのではないかと思わせるのです。

　オスとメスと，どちらが本源的なものかといえば，生物学的にはメスが原型で，オスは余剰的なもの，メスのヴァリアント（派生物・変異体）だといわれたりします。

　人間も生物である以上，発生的には同様にみることができます。ところが今日，なぜか男性中心の社会が築かれて，女性が差別されるという現象が見られます。日本も例外ではなく，むしろジェンダー格差は大きいとされています。同時に人間の場合，そもそも男／女という二値的なコードだけでは割り切れなくなってきています。

　このパートでは，そんな男女やジェンダーの問題がテーマです。

　† 長谷川真理子『進化とはなんだろうか』（岩波ジュニア新書，1999 年）

◆ 問題の所在——それは「問題」なのか，どこに問題があるのか

差別がいいことかといえば，よくないに決まっています。ですから男女差別はよくないし，性的マイノリティの差別も当然よくないことです。その他，人種や国籍による差別，障害や容姿による差別なども同様です。社会には様々な差別が蔓延しているので，そこは是正する努力をしていく必要があります。

もっともその「問題の問題性」は，仔細にみていくべきでしょう。特に平等というのは，なかなか難しい概念です。「差別」と「区別」の違いも微妙です。

たとえば大学（医学部）の合格ラインを男女で差をつけることは，社会的に糾弾されました（2018年）。女性が大相撲の土俵に上がれないのが差別かどうかは，議論が分かれます。逆に通常，男性が女性トイレを，あるいは女性が男性トイレを使えないのは，差別ではない（むしろそうでないとまずい）でしょう。外国人に国政選挙権がないのは，差別なのかどうか議論があります。

〈社会的な問題としての契機〉

社会的な性別のことをジェンダーと言います。そこではジェンダーは，社会的に作られるものであることが強調され，とくに「男らしさ」「女らしさ」を個人に押し付けるのはよくないということがいわれます。

履歴書の書式で性別の欄が廃止されたものがあります。他方，男女が同等に扱われているかどうかを検証するためには，たとえば入試での男女の合格者数や合格率を調べる必要があり，そこでは性別表示が不可欠です。

性的マイノリティといわれる人たち（LGBTなど）も，やはり差別されることがあるわけですが，どのようにしたら差別されていない状態になったといえるかは，たとえば履歴書の書式一つをとってみても，一義的には決められないように思います。

一つ一つの論点については，目指すべき方向は明確であるようにも思われますが，全部合わせると，話はなかなか複雑だといわざるを得ません。このパートでは，そんな男女，ジェンダーの問題を中心に，それ以外の差別の問題，マイノリティの問題を見ていきたいと思います。

◆モデルによる分析・検討

〈空間モデルによる理解〉

　たとえば性（性別）は，生物学的には「男／女」という二値的なものなので，空間モデルにあてはめると，以下のようなイメージで考えることができます。

　もっとも生物学的な経緯からすると，必ずしもこのような二値的な配置ではありません。むしろ雌がデフォルト（初期値）であり，雄はヴァリアント（変異種）だとすると，もともとはモデルの左側にすべて集まっていたところ，一部が右の方にシフトしていったものといえます。ですが人間についての古典的な考え方では「男性か，女性か」のどちらかで，すなわち二値的です。

　しかしいわゆる性的志向・性自認については，LGBT 等さまざまなケースがあらわれてきています。あくまで政策を考える際の便宜としてモデルに位置づければ，従来は「男／女」の２分類に押し込められていたところ，（左側を起点にしてみると）以下のようないろいろなパターンがあらわれてきました。

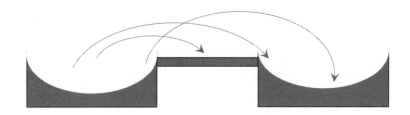

　もっとも「心身」も絡んで，真相はより複雑です。たとえばドゥルーズ（哲学者）とガタリ（精神科医）による大著『アンチ・オイディプス』（河出文庫，2006 年）では「n 個の性」（セクシュアリティの数は，人の個体数だけある）という言い方もされており，そうするとモデルでは書きようがなくなります。

従来的には性別は二値的だったので，社会制度としても，それに対応した2つの「受け皿」だけを用意しておけばよかったといえます。

　たとえば物理的には男性用／女性用のトイレや浴室，更衣室，また服装などということですし，より全般的に人生設計のモデルということでもあります。しかし性的志向・性自認の多様化に伴い，見直しが必要になってきています。

〈時間モデルによる理解〉

　時間モデルにあてはめると，従来は性別役割分業に即したライフサイクルが想定されていたものといえます。【タテ軸は人間の活動量のイメージです。】

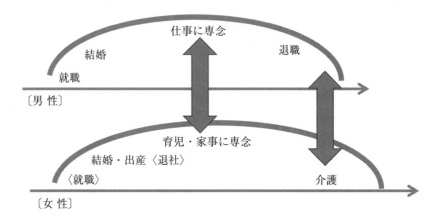

　ここでは男女の役割が対照的かつ相補的になっていて，それぞれ活躍の場が限定され，さらに社会の諸制度も，これらと適合的になっているのです。

　雇用社会の主役は男性であり，補助的な役割を担う女性とは，賃金でも地位でも格差があります。政治の世界も男性中心です。他方，女性には家庭内の役割が割り当てられます。

　社会保障や税制に関しても，男性世帯主が賃金労働で得た収入から保険料や税金を払うことで制度が運営されています。多くの社会保障給付は，賃金労働の継続や再開を可能にする役割や，その終了後をカバーする役割を担っています。所得のない専業主婦は，世帯主に扶養される者という位置づけで社会保障給付を受けられますし，税制においても所得控除の対象となります。

〈性別役割の固定化〉

　ジェンダーは文化の所産であり，その文化の中で再生産されるといわれます。

　その中心的な指摘は，性差は生物的な本能というよりは，むしろ社会的に作られたものだということです。作家シモーヌ・ド・ボーヴォワール（1908-1986）の「人は女に生まれるのではない，女になるのだ」という言葉が有名です。このような考え方は構築主義といわれることもあります。

　たとえば本来的な男らしさとして支配性があり，本来的な女らしさとして従順性があるのではなく，あとから作られて，それがあたかも本来的なもの，生物的に自然なものと思われているということです。たとえば男性は浮気するものだとか，女性は感情的だとかいうのもその例でしょう。

　そのような社会的な植え付けが再生産されると，その結果として二極化が進んでしまうのです。モデルに即していえば，各カテゴリーの「峡谷」がどんどん深くなってしまい，カテゴリー間での移行や交流・協力も難しくなります。

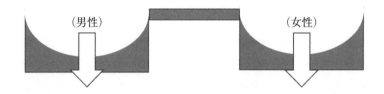

　よく指摘されるのは，学校がその役割を果たしているということです。最近は変わってきていますが，名簿で男子が先に置かれていることや，男子が技術を学んでいるときに女子が家庭科を学んでいるという例がよく挙げられます。

　メディアの役割も重要で，たとえばヒーローやお姫様が，男女のステレオタイプとして再生産を促しているといわれます。たとえば「サザエさん」の登場人物も，性別役割を固定化しているといわれます。

　ちなみに厄介なのは，これらの属性が「統計的に実証」されてしまうということです。意識アンケートをすれば，男の子はヒーローになりたいし，女の子はお姫様になりたいと，心の底から回答するでしょう。だからそれは錯覚とか先入観ではなく，「やはり最初から本当にそういうものなのだ」という論拠となってしまうのです。

〈第三の選択肢の確保〉

　このように男女の間で差別があり，さらに性的マイノリティへの差別があり，それらを共に解消するような方策を模索する必要があるわけです。

　そこで性的マイノリティを念頭に置くと，一つの対応は，「男／女」に加えて第三の選択肢を設けるということです。といっても性的志向・性自認が３つだけに分けられるものではないので，通常は「男性・女性・その他」という分類になります。

　近時では，「誰でもトイレ」がこの典型でしょう。「その他」という包括的なカテゴリー（バスケット・クローズともいわれます）があることで，二者択一の制約から逃れられるわけです。

　ただしこのように第三の選択肢を設けても，そこに入れられる側にとっては，なお「生きやすい」状態とは距離がある場合も多いといえます。「その他」に括られることで，かえって普通との差が目立つということもあり得るでしょう。

　またマイノリティグループ内でも，「その他」の中で，他の人と一緒にされたくないということがあるかもしれません（たとえば更衣室などの空間利用にしても，あるいはその中から「代表者」を出す場合などにしても）。

　もっとも性的志向・性自認のカテゴリーが多数におよぶ中では，社会的なコストの制約からも，あまり多くの「受け皿」を作るのは困難です（たとえば同じことを人種や言語について考えてみると分かりやすいはずです）。そこではせめて包括的な第三の選択肢の設定と運用によってカバーするというのが現実的だということも多いでしょう。

　もちろん第三の選択肢を設けること自体，コストがかかって困難であることもあり得ます。たとえば旅館での共同浴室等の空間設定にしてもそうでしょう。

　加えて，これによっては男性・女性というカテゴリーはそのまま温存されていますから，そこに格差があれば，その格差もまた温存されてしまいます。

〈包括的な対応〉

　格差を解消するもう一つの対応は，準拠枠をそもそも設けない，区別しないという方向です。もろもろのジェンダーを包括的に扱う，「大きな括り」を見出すという形です。そうすればマイノリティの「マイノリティ性」も薄れます。

　たとえば呼称は「さん」に統一する，名簿は一切性別では分けないなどの例があり，実際にこのような対応は広まりつつあります。

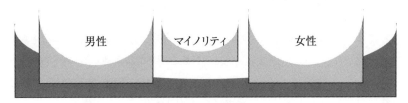

〔包括的な全体枠組み〕

　包括性を志向する観点からは，「女子力」や「男らしさ」などの表現の是非も問題となり得ます。その意味では「男女」という語順自体もそうでしょう。それは行き過ぎた言葉狩りなのか，それともそれらの表現がジェンダーバイアスや差別等の事柄の実質と表裏一体なのか，慎重に見極める必要があるでしょう。

　他方，枠組みを包括的にするだけでは解決にならないこともあります。たとえばトイレや更衣室等の空間設定については，この対応では意味がありません。

　また形の上ではフラットで包括的な枠組みであるようにみえても，実は男性中心の枠組みを，全体的な枠組みにスライドさせただけということもあり得ます。さらに男女の差別の有無を検証しようとすれば，改めて結局男女に分けて，現状を統計的に把握しなければならないということもあります。

　もっとも領域によっては，そのような枠組みではもっぱら男性が不利になることがあります。端的には学業や試験の成績などでそういうことがあり得て，そこで「補正」を測るのが，かえって「逆差別」になるかが問題となり得ます。

〈強制的な実現〉

　現実問題として，男女差別の解消は急務です。これまで「男性中心社会」の是正は，実際的には女性が男性の側に参入するという形で行われてきました。

たとえば今日では当たり前の女性の権利能力や，女性の参政権にしても，先人たちの努力によって，あとから認められてきたものです（日本ではとりわけ婦人運動家の市川房枝（1893-1981）の功績が大きいものがありました）。

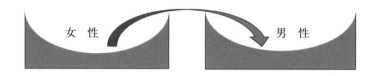

　さらにこの方法を推進するために，より強制的な方法も模索されています。アファーマティブ・アクション（一定の対象を明示的に優遇する）や，クオータ制（構成員の一定割合を，一定の対象に割り当てなければならないとする）などです。特にアメリカの人種差別解消ではこの方法が用いられてきました。

　このような強制的な方法だと，男性への逆差別になったり，帳尻を合わせるために適格性を欠く女性が登用されるというような批判はもちろんあります。

　また女性の側だけがそのポジションを変えるという「移動のコスト」を負うことになりますし，その結果，もともと男性に即した設計になっている領域に苦労して参入しても，「居心地が悪い」ということはあり得ます。しかしそういう「先兵」が道を切り拓いていく意義は，あとに続く者にとっても大きく，さらに男性にとっても，社会全体にとっても有意義であることが多いのです。

TERMINOLOGY 　豆知識　クォータ制／クォーター制

　クオータというと，少数派にも「四分の一」（quarter）の枠は確保せよという趣旨かと思われるのですが，"quota" というのは割り当てという意味で，quarter とは関係がありません。

　制度の嚆矢はノルウェーで 1975 年に政党の候補者の 40% を女性としたことです。その後に法律でも 4 人以上の公的委員会等では男女各 40%以上の委員構成を求め，「四分の一」より厳しい要求となっています。ですが何かと「4」が絡むので，どうしてもピザの 4 枚カットなどが想起されてしまいます。

　ちなみに一部の大学で導入されている 4 学期制による運営は「クォーター（quarter）制」です。

◆**政策的対応に向けたヒント**──社会の設計図を変える

すでにふれたように，放っておくとジェンダーにもとづく差別や格差は社会で「再生産」されがちであることから，あえてそこに政策的に介入する必要性は高いものといえます。それはちょうど競争市場を放っておくと，しばしば独占市場になってしまうのとも似ています。

これらの議論を踏まえると，男性も女性も包含するような，幅広い（包括的な）枠組みを構築する際に，むしろ女性が属してきた枠組みに準拠しつつ，それをユニバーサルに広げていくという方向が考えられます。考えてみれば障害者のためのバリアフリーにしても，障害者を基準として枠組みを作ることで，結果的に健常者にとっても役に立つことがあるわけです（➡ **9. 障害と共生**）。

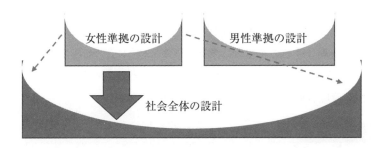

具体的には，たとえば平均的には身長が低い女性の方を基準として，オフィスを背が低くても使いやすい設計にするということです。それは背の低い男性にとっても使いやすいでしょう。あるいはトイレや更衣室はすべて個室にするということです。それは性的マイノリティにとっても意味があるでしょう。

オフィスの空調の温度設定にしても，スーツの男性に合わせた設定より，女性に合わせた設定の方が，環境に適合するともいえます。外食産業で1人前として提供する分量も，女性を標準として，追加で増量も頼めるようにした方が，フードロスも減るかもしれません。

これらは別に男性より「女性を優位に」置いているということではなく，実は賃金労働中心へのアンチテーゼということでもあります。男性にとっても，「資本主義の碾き臼」のような社会からの逃げ道を作るという意味合いがあるのです（➡ **14. 仕事と市場**）。

〈移動のコストの比較〉

　改めて一人一人を取ってみると，男性が女性準拠の枠組みに移動する時の方が，女性が男性準拠の枠組みに移動する時よりも，空間モデルになぞらえると「移動のコスト」が小さくてすむことが多いと思われます。

　すでにみたように，発生的には女性が生物としてのデフォルト（標準形）に近い部分が大きく，男性がよきにつけ悪しきにつけデフォルト以外の部分を拡大させてきたところがあります。やや乱暴にいえば，男性がその余分な力を振り向けて，賃金労働社会をはじめとする人間社会の「帝国の拡大」に注力してきたものともいえます。そこに物質的な豊かさ等が伴っているとしても，それは人間の生物としてのあり方や，地球環境に無理を強いている面があります。

　特にますます加速する資本主義社会に準拠して物事の枠組みを設定すると，そこに合わせる（移動する）ために，女性にも，男性にも，性的マイノリティにとっても過大なコストを強いるのです。他方，女性に準拠した枠組みの方が，多くの人が無理なくその枠組みに準拠できる（そこに合わせる「移動のコスト」が誰にとっても小さくてすむ）ことが多く，そのような資本主義へのアンチテーゼとしての意味合い・役割が期待できるのです。

BOOKSHELF 　社会問題を考える本棚

- ・フランシス・オルセン『法の性別』（東京大学出版会，2009 年）は，法律の世界がいかに男性的な価値を中心に構成されているか，多面的・体系的な議論を展開しています。

- ・法哲学者であるロナルド・ドゥウォーキンの『平等とは何か』（木鐸社，2002 年）は，そのものずばりのタイトルですが，原理的な考察から実際的な問題への適用まで幅広く論じています。ただし難解です。

- ・上野千鶴子は日本の代表的なフェミニスト論者で，多数の著作がありますが，『女の子はどう生きるか』（岩波ジュニア新書，2021 年）は読みやすいでしょう。著名な 2019 年の東大入学式での祝辞も掲載されています。

- ・五木寛之『戒厳令の夜』（新潮社，1976 年）は，早い時期に性的マイノリティを登場させていた小説です。「新宿発」ということかもしれませんが。

PATHWAY〔社会問題への小径〕── マイノリティと「平等」

　男女および性的マイノリティ以外にも，差別の問題は外国人，人種，民族，宗教，言語，障害者，その他のマイノリティについても深刻です。ただ男女の問題は，マジョリティが人数的には同数で2つに分かれている点が異質です（ただし賃金労働社会の中では女性はマイノリティです）。

　他方，差別される側の人数が少ない（まさにマイノリティである）時には，対応する必要性は高い一方，現実問題としてすべてのマイノリティにマジョリティと同じ便益を提供するのは無理であることが多いでしょう。たとえば多様な外国人のために，案内掲示板で各国語の表示を延々と並べるというのは非現実的です（今日ならむしろIT技術による対応等が志向されるべきでしょう）。

　自分にあずかり知らぬ事情によってマイノリティになっていたとしても，マジョリティとまったく同じポジションを要求するのは無理があることが多いと思われます。「平等」原理主義は，「あっちがそうならこっちもそうしてほしい」という果たしない要求をもたらし，しばしば不毛な議論に陥ります。

〈権利と平等〉

　そうだとすると一つの指標は，それが「権利」に関わるかどうかという法的な視点でしょう。一般には希釈化されて用いられがちですが，「権利」かどうかは重要な指標です（➡5. 家族と婚姻）。少なくとも法的な権利に関わり，それを実現するためのコストが膨大でなければ，躊躇せずに対応すべきだといえます。ただそれがしばしば「私人」同士の間で，コストが大きい時に問題となります。

　しかし対応が困難に思われる時でも，まずマイノリティとの対話が求められます。それは障害にかかる合理的配慮における考え方でもあります。少なくともそのような対話の機会の確保が大切でしょう（➡9. 障害と共生）。

　そこでの一つのポイントは，逆の立場を容認できるかです。自分がマイノリティの立場だとしたら，どう思えるか，どう感じるかは想像可能であることが多いでしょう。人は様々な属性を持っています。ある局面ではマジョリティであっても，別の側面ではマイノリティであるのです。そういう点を意識することには意味があるでしょう。

AFTERWORD（余滴）── 男女という二分法

> それぞれの二元主義各要素の一方は男性的，他方は女性的とされている。
>
> それぞれの二元主義各要素は，互いに対等ではなく上下の関係にある。
>
> フランシス・オルセン †

　この本もそうなりがちなのですが，世の中はとかく二分法で構成されているところがあります。これに関して透徹した考察をしたのがフェミニズム法学者フランシス・オルセンによる『法の性別』の冒頭で，あらゆる物事は二分法になっていて，それは片方によい価値，もう片方はよからぬ価値が割り当てられていると指摘しています。

　すなわち「合理的，能動的，思考，理性，文明，力，客観的，抽象的，原理原則化された」の側に男性は自分たちを同一化して，もう一方の側，すなわち「不合理的，受動的，感情，感性，自然，繊細さ，主観的，具体的，個別個人化された」の側を女たちに投影してきた，というのです。

　確かに近代と限らなくても，ものに「線を引く」という行為が，人間あるいは文明の端緒ともいえます。こういう二分法がなければ，文明（少なくとも西洋文明）の高度化はあり得なかったとすらいえるかもしれません。

　しかしオルセンの所説のポイントは，その二分法が「男／女」の位置づけと深く一致しているという点です。これは的を射ているところがあり，このように深く食い込んだ思考法から抜け出すのは難しいのですが，少なくともそのことを自覚すること自体は大切でしょう。

　そして「男／女」に限らず，身近な事柄を含めて，個々の問題状況に応じて二分法の見直しや，組み換え，解消などを模索することに意味があるはずです。それは私たちが物事を「自由に」考えて，社会を設計していくということの一環でもあるのです。

† フランシス・オルセン〔寺尾美子訳〕『法の性別』（東京大学出版会，2009 年）

9 障害と共生
──合理的配慮・包摂──

● 助けられているのはどちら ●

フロントストーリー

　地上には，神の前にこの世を正当化する使命を帯びた正しき人間が 36
人いる，またつねにいた。

　それは足萎えのウーフニックたちである。

　彼らは互いのことを知らず，そして大変貧しい。

　もし自分が足萎えのウーフニックであることを悟ると，その者はすぐに
死んで，たぶんこの世のほかの場所にいる別の誰かがそのものに替わる。

　足萎えのウーフニックたちは，それと知らずに宇宙の隠れた柱になっ
ている。彼らがいなければ，神は人類を全滅させてしまうだろう。

　気づかないままに，彼らはわれわれの救い手となっている。

　　　　　　　　　ホルヘ・ルイス・ボルヘス『幻獣辞典』より †

　ラテンアメリカを代表する文学者・ボルヘス（1899-1986）が伝えるこの不思
議な神話は，障害者に対する通常の見方へのアンチテーゼとなっています。障
害者は，普通の人たち（健常者）が助けるべき存在ではなくて，むしろ普通の
人たちこそが，障害者によって救われているというのです。

　障害者福祉というと，社会福祉の代表的領域として「気の毒な人を助けてあ
げる」というイメージになりがちです。しかし自分たちはもっぱら「助けてあ
げる側」にいて，「助けてもらう側」とは無縁なのでしょうか。また障害者と
いわれる人たちは，もっぱら「助けてもらっている」だけなのでしょうか。

　アナーキスト思想家と呼ばれるクロポトキン（1842-1921）によれば，人間が
発展したのは，とくに弱いと思われる人たちを含めて互いに助け合ったからで
あり，そのことで弱肉強食の動物の世界から一歩踏み出せたというのです。

　そんな障害をめぐる問題がこのパートのテーマです。

　　　　　　† ホルヘ・ルイス・ボルヘス『幻獣辞典』（河出文庫，2015 年）

◆ 問題の所在——それは「問題」なのか，どこに問題があるのか

そもそも障害とは何かは，難しいところがあります。

しばしば健常者との対比で語られます。オリンピックに出るのが健常者で，パラリンピックに出るのが障害者。交通事故で足を失ったランナーやテニス選手や，先天的に目が見えないランナーやソフトボール選手。

「こっち」から「あっち」には行くことがあるが，「あっち」から「こっち」には来ないというのが普通の見方でしょう。そのような二分法からすると障害者は「特別の人」たちということになり，助けなければ，支援しなければという，分かりやすい話なのですが，しかし本当にそれだけでしょうか。

〈社会的な問題としての契機〉

たとえば言葉が通じない国に行けば，誰だってすごく不便を味わうことになります。コミュニケーションをはじめ生活全般で，いわば障害を抱えるわけです。それでも適切なサポートさえあれば，問題なく過ごすことができます。

そういうサポートを提供できるかどうかは，まさに社会の問題です。そこで求められる考え方は，狭い意味での障害者福祉の領域に限らず，広く私たちの生活（とりわけ職場）にかかわることがあります。

さらに狭い意味での障害者だけではなく，私たち自身がサポートを必要とすることがあります。たとえば社会学者の上野千鶴子は，老齢と障害の近接性を指摘しています。高齢者になると，誰でも障害者になるというのです。北欧では高齢者を「遅れてきた障害者」ということがあるといわれます。コロナ禍では，皆が障害者的な立場になったという人もいました。

さらにいえば，健常者と障害者の区別はそれほど明確ではありません。人はそれぞれいろいろな強みと弱みを持っていますが，その特定の部分をとらえると，見方によっては障害，見方によっては個性などに近いこともあります。

障害者福祉といわれる領域は，いろいろな回路を通じて私たち自身にとっても意味を持つことが多く，また政策的な先兵たりうるものでもあります。それらについて，このパートではまず障害の種類ごとに見ていきたいと思います。

◆ モデルによる分析・検討

〈身体障害〉

　障害者基本法 2 条では障害者の種類として，身体障害者，知的障害者，精神障害者の 3 つを挙げています。このうち精神障害についてはすでにみたので（→ **3. 自殺とメンタル**），ここではまず身体障害をみていきましょう。

　身体障害者（統計上は 400 万人程度が把握されています）について，とくに視力障害や聴覚障害というのはイメージしやすいと思います。また身体の一部（手や足，指）の欠損などについても，車椅子や義足，義手の利用を含め，見ればわかることが多いかもしれません。

　もっとも身体障害でも内部障害とよばれるものもあり，これは外見では分かりません。たとえば心臓の壁の欠損というケースは多くあります。

〈時間モデルによる理解〉

　時間的なモデルにあてはめると，身体障害については以下のように比較的簡明に位置づけられます。【タテ軸はたとえば各器官等の機能と考えてください。】

　障害には先天的なものもありますが，事故などで後天的に障害となる場合もあります。そういうハンディキャップ（目が見えない，腕を失った等）は，疾病（病気やケガ）のように治療で「元に戻る」ものではなく，基本的にはずっとそのままです。あるいは治療で一定の改善が可能であったとしても，なお「元にまでは戻らない」部分が残ることもあります。

　そのように書くと，「取り返しがつかない」みたいな特別な印象になりますが，たとえば視力の低下は端的に「元に戻らない」わけですから，障害に類したものとして理解できます。そこではメガネで「支える」わけで，メガネは視力を戻すものではありません。誰しもそのようなことと無縁ではないのです。

歯にしても同様で，成人後に抜けて，あるいは虫歯で抜いてしまった歯は，一生そのままです。入れ歯や差し歯・インプラントは，抜けた歯の代わりになる（いわば支える）もので，治すものではありません。

その意味では老齢になると，誰しも身体障害に類する事柄に向き合わざるを得ないというところがあります。補聴器もそうですし，歩くのに杖を使うというのもそうです。

しかし多くの場合，そのような「物」ではなくて，人手によって支えることがあります。それが障害福祉サービスであり，介護と同様の側面があります。また「人手」に限らず，たとえば盲導犬や介助犬も同様の役割を担います。

下から支え，
押し上げるイメージ

〈知的障害〉

これに対して，知的障害者（統計上は100万人程度が把握されています）は知的機能の障害が発達期（おおむね18歳まで）にあらわれているもので，一般的には「知能指数がおおむね70までのもの」とされています。先天的な場合が多いといわれ，ダウン症なども含まれます。かつては精神遅滞といわれていました。次にみる自閉症，発達障害との関係も深いといわれています。

この知的障害は，時間的なモデルでは，むしろ発達の遅れとして理解され，そこでは「発達を促す」というのが，基本的な対処の方向となります。

また本人への支援とあわせて，家族のかかわり方がしばしば問題となります。たとえば「親亡き後の問題」や，あとでみる出生前診断の問題などです。

発達を促す

〈発達障害（，学習障害・コミュ障）〉

　障害者総合支援法4条では，発達障害者や難病患者も精神障害に含めています（病気が治らなければ，難病が障害に接近するわけです）。

　発達障害者支援法2条は，発達障害を「自閉症，アスペルガー症候群その他の広汎性発達障害，学習障害，注意欠陥多動性障害その他これに類する脳機能の障害であってその症状が通常低年齢において発現するもの」としています。アスペルガー，LD（学習障害），自閉スペクトラムなどの呼称はよく耳にするものでしょう。

　大学生の中にも発達障害学生は多くいるといわれ，よく話題にもなります。「コミュ障」という表現の機縁もここにあります。ただその概念自体について多くの議論があり，論者により，また時代により説明の仕方もさまざまですので，その点は注意してください。

　またバランスが悪いという点が症状の中心なので，たとえば学習障害といっても，単に「勉強しない・勉強できない」ということとは異なります。実際，苦手なことがある一方で，高い能力を有する場合は多いのです。

　たとえばいわゆる自閉症では，記憶を長期に保って，自在にフラッシュバックできることがあり，筆者もこの能力をフルに活用して試験をスイスイ乗り切る重度の発達障害学生に出会ったことがあります。

〈心の理論〉

　発達障害かどうかを「見分ける」方法として，「心の理論」と呼ばれるものがあります。それは次の質問を（紙芝居的に）提示するというものです。

　目の前にある相手の物を，相手が席を外したすきに，私が「一定の場所」（たとえば箱の中）に隠します。戻ってきた相手はどこを探すだろうかと治験者に訊いて，治験者がどう答えるかというものです。

　相手は私がどこに物を隠したかを知らないので，うろうろするばかりのはずです。ところが相手の心の存在（相手は何を認識しているのか）を理解できない発達障害の人が治験者であると，「客観的な全情報」をもとに，その「一定の場所」を答えてしまうというものです。

　もっともこの方法の射程・有効性については議論があります。

〈措置から契約へ〉

　障害者福祉領域における大きな流れは，障害者にサービス利用に関する主体性を認める——自分で選べる・決められるようにする——ということです。

　かつては障害者に対する福祉の提供は，自治体等からの一方的な割り当てでした。たとえば「視覚障害者ならここ」というように，その障害の種類によって細分化された施設に入れられるだけでした（ちなみにかつては保育所にしても，申し込むと定員があいているところに「児童をここに入れろ」と指定されるだけでした➡ **7. 子どもと子育て**）。これを「措置」（そち）といいます。

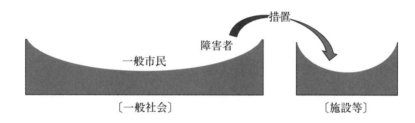

　いわば災害からの避難先での食料配給や寝る場所の提供のようなもので，好みや要望を適えられる余地はなく（そもそもそれをいえる雰囲気でもなく），提供してもらえるものがあれば，それをありがたく受けるしかありません。

　それを何とか，できるだけ障害者本人が選ぶようにする——たとえば自分が食べたいものを注文するように，あるいは旅行先や宿泊先を自分で決めるように，自分で選んで買うような仕組みにする——そういう方向を目指して社会福祉基礎構造改革，社会福祉法の制定が行われました（2000年）。

　これは法律的には，当事者（福祉サービスの利用者）がサービスの提供者と対等な契約を結ぶような形に転換していくことであり，そこでのスローガンとして「措置から契約へ」といわれました。ただその費用については公的に支出され，これは擬似市場・準市場（quasi-market）と呼ばれます（もっともそこで選べるだけの選択肢がないと「措置」と変わらなくなってしまいますが）。

　障害者が適切に選択できるのか，という疑問があるかもしれません。しかし筆者にしても，たとえばパソコンやスマホを買うとき，どれがどれだかよく分かりません。学生にしても自分に合う大学や授業，あるいは就職先が分からなかったりします。ですが適切なアシストがあれば，選べることも多いのです。

〈医学モデル／社会モデル〉

　障害者基本法2条では「障害者は障害及び社会的障壁により継続的に日常生活又は社会生活に相当な制限を受ける状態にあるものをいう」とされ，その社会的障壁とは「日常生活又は社会生活を営む上で障壁となるような社会における事物，制度，慣行，観念その他一切のものをいう」とされています。

　つまり障害があること自体ではなく，むしろそれを受け容れない社会の方に問題があると想定しているのです。障害者が抱える障害自体に原因があると考えるのが医学モデル，そうではなくこのように障害があると支障が生じる社会の側にむしろ問題がある（その意味ではむしろ社会が障害を作っている）と考えるのを社会モデルといいます。

　たとえば足が悪かったり，車いす利用であったりして，階段をそのまま上ることが難しくても，エレベーターがあれば問題なく上の階に行くことができます。そのように社会の側が改善すればいいわけで，むしろ社会の側（たとえばエレベーターがないビル）が一定の人を排除しているに過ぎません。

　高層マンションなら，誰だってエレベーターなしでは難渋します。個々人に着目して支援するよりは，社会の方が自らを変容させる方が適切である場合は多いのです。バリアフリーというのは，そういう発想だともいえます。ハード面に限らず，いろいろな場面で（たとえば大学の授業のあり方にしても），障害の有無にかかわらず利用できるように改善する余地は大きいでしょう。

　空間モデルにあてはめてみると，以下のイメージになります。

（逸脱）

　普通ならバリアのせいで，枠から「逸脱」してしまう人であっても，社会の受け皿，「枠」を広げることによって，包摂し得るのです。

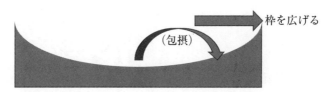

枠を広げる

（包摂）

〈合理的配慮〉

　このとき社会の「枠」の方をどこまで広げられるかが問題となり，これを合理的配慮の問題といいます。どこまでの配慮が合理的に求められるかということです。駅のホームドアのように，必要性・有用性はあったとしても，障害者に合わせて設計の「枠」を広げるためにはコストがかかることは多いのです。

　障害者差別解消法7条・8条は，行政機関等や事業者は事務や事業を行うにあたり「障害者から現に社会的障壁の除去を必要としている旨の意思の表明があった場合において，その実施に伴う負担が過重でないときは，障害者の権利利益を侵害することとならないよう，当該障害者の性別，年齢及び障害の状態に応じて，社会的障壁の除去の実施について必要かつ合理的な配慮をしなければならない」としています。障害者雇用促進法にも同様の規定があります。

　もちろん「負担が過重でないとき」かどうかの判断は微妙ですが，こういう方向性が打ち出されたこと自体に大きな意味があるといえます。

〈実際的な事例——とくに「私人」同士において〉

　自宅の近くにお気に入りの喫茶店があるのですが，そこはビルの二階にあり，その階段がなかなか急峻なのです。普通でも慎重に上り下りが必要で，これで足腰が弱くなったり，車椅子になったりしたら，とても無理でしょう。

　これは障害者に対して店を閉ざしている，障害者差別なのでしょうか。小さなビルなので，エレベーターを設置する余裕はなさそうです。ビル全体を改築すれば可能でしょうが，それは現実的ではないでしょう。

　電車やバスの乗降の際には，車椅子の乗客を駅員が介助していますが（特別法の求めによります），同じことを喫茶店の店主に要求できるのでしょうか。より一般的には，どこまで枠を広げる必要があるのでしょうか。

　空間モデルにあてはめると，「どこまで枠を広げて，利用希望者を包摂する必要があるのか」というのが合理的配慮の実際的な問題といえます。

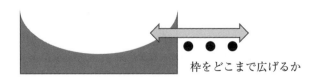

枠をどこまで広げるか

106

　このとき，あらゆる利用希望者に対して「平等」に便益を提供することには無理があるでしょう。そもそも店の入り口まで来られない人だっています。「より遠くまで」枠を広げようとすれば，コストも際限なくかかります。

　一般的な定式化は困難ですが，要するコストと失われる利益とを比較する必要はあります。特に大きなコストをかけなくても，大きな不利益を解消できる場合には，それを放置しておくことは違法と評価されやすいでしょう。

　また結果的に利用してもらえないとしても，まず「対話」は必要でしょう。少なくとも理由を説明せずに，単に利用を拒否することは，合理的配慮が法制化された今日では民法上の不法行為と評価される可能性が大きいと思います。

　特に将来に向けてという意味では，たとえば喫茶店の例では，今後ビルを建てる時には，そういうことも考えて設計すべきだといえるでしょう。

　注意すべきなのは，これは「私人」同士にも適用されるということです。すでにみたように障害者差別解消法では行政機関とあわせて，事業者全般にも合理的配慮を求めています（努力義務でしたが2021年の法改正で法的義務に引き上げられました）。ですから大学での学生への向き合い方などにもこれが求められます。すなわち市民社会の中での「共生」が求められているのです。

　他方，たとえば駅のホームドアや急な階段にしても，障害者の利便性にとどまらず，多くの人にとって改善の便益は大きい（費用を投下するに足る）ことが多いのです。公共財としての性格もあることから，税制上の支援も有効かつ合理的でしょう。

TERMINOLOGY　豆知識　障害／傷害

　「障害」の表記については，本人が有害だというニュアンスを避けるため，「害」という字を使わず，「障がい」，「障碍」との表記もよく用いられます。当事者自身も「障害」という表記を嫌悪することは多いようです。

　他方，もっぱら社会の側に問題があることを示すだけだとすれば，「障害」という表記でも別に構わないという考え方から，そのまま使い続けられることも多くあります（ちなみにこの本では，法律にあわせた表記としています）。

　これに対して，「障害」と「傷害」とは明確に異なります。「傷害」は，傷つく・傷つける，あるいはケガする・ケガさせるということを示す言葉。刑法の傷害罪や，傷害保険なども，その意味合いです。

◆政策的対応に向けたヒント──包摂か, 分離か

　障害者／健常者という区別は流動的です。とかく自分たちは健常で「助ける側」にいると思ってしまうのですが, 高齢になれば誰しも障害者に接近しますし, 若い時から「コミュ障」や「うつ」も深刻な時があります。

　近時,「地域共生社会」という方向性が政策的にも打ち出されており, その具体的施策については議論を要しますが,「支援する側」と「支援される側」を二分・峻別しないというコンセプトは重要です。

　またハンディキャップがある人たちにどう向き合うか, どのように格差や差別を解消していくかは, たとえばマイノリティの人々への対応全般にも共通する課題です。その意味で障害者福祉領域は, 政策的な先兵たりうるのです。

　とりわけ「特別なグループ」を, 全体のなかに溶け込ませるか, それともむしろ別枠にして, 特段の対応を行うかの判断は難しいところです。

　分け隔てなく「包摂する」のがつねに良い方向かといえば, 必ずしもそうではなく, 別枠にして, 特別の対応をするのが有効で効率的な場合もあります。たとえば障害のある子どもだけを集めてグループ化することで, 専門的な教育や支援が行われていますし, 障害者の特例子会社も同様の考え方でしょう。

　ただ一般論としては, とかく効率性が志向されがちですが, むしろ一括・包摂した時とのメリット・デメリットの慎重な比較検討が大切でしょう（一括均衡と分離均衡の比較の問題として位置づけられます➡ 17. 消費と契約）。

　「共生」は, マジョリティにとっても大いに意味があり得るのです。

BOOKSHELF　**社会問題を考える本棚**

・実践家・糸賀一雄（1914-1968）の『福祉の思想』（NHK ブックス, 1968年）は重度の障害児について,「この子らを世の光に」と宣言していることで有名な本です。「この子らに, 世の光を」では決してないのです。

・知的障害者の語り（意識の流れ）という形で描いたフォークナーの『響きと怒り』（講談社文芸文庫, 1997 年）は, アメリカ現代文学の最高傑作の一つといわれます。「本人」が登場するくだりは印象的です。

PATHWAY〔社会問題への小径〕——神を演じる人間

アメリカで 2021 年に女性初の副大統領になったカマラ・ハリスの「カマラ」はインド系の名前で，インドの神様「ラクシュミー」の別名でもあります。この神様には 4 本の手足があり，それぞれ「美と富と豊穣と幸運」をあらわしています。

かつてインドで，8 本の手足がある子どもが生まれたことがあります。実は統合双生児で，それは 2 人分の手足だったのです。しかしインドでは，これはラクシュミー様だといって，とても大事にされたといわれます。障害への見方は，社会との関係で決まるということの一例でしょう（もっともその後，分離手術を受けたと報じられています）。

逆にフランスでは，障害を持って生まれた人が，「生まれない権利」をもとに親を訴えたという事例もあります（ペリッシュ事件）。

〈出生前診断〉

しかし今やこれは出産に際して，ごく一般的に選択を迫られる問題となりました。というのは近時，きわめて簡単に出生前診断によって，知的障害児が生まれる可能性を判定できるようになってきたためです（新型出生前診断といわれる方法では，採血のみで，検査もかなり簡易化されています）。

出産前にそれが判明した場合，中絶するかどうかは大きな決断で，生命倫理にかかる問題です。妊娠中絶にかかる自己決定権は，基本的に出産する女性にあると筆者は考えますが，それが「命の選別」であることも事実でしょう。

このジレンマ自体は，検査せずに出産すれば生じません。その意味では簡易な検査手段の普及を放置したことが，問題を先鋭化したというべきでしょう。

とかく法律や規制は，自由な活動を阻害するものと思われがちですが，科学技術（特に生化学）の進歩は，人間のあり方自体に甚大な影響を及ぼすものです（哲学者のハイデガー（1889-1976）がつとに指摘していたところです）。とりあえず立ち止まって考えるために，領域によっては基本的に広く規制をかけておくことには意味があるように思います（「予防原則」といわれます）。

AFTERWORD（余滴）── 不在の痕跡

> 足たたば
> 北インヂアの　ヒマラヤの
> エヴェレストなる　雪くはましを

正岡子規

脊髄カリエス等で長年苦しんだ正岡子規（1867-1902）には，「足たたば」からはじまる連作短歌があります。

もし自分の足で立って歩くことができるのなら，北インドにあるエベレストとかいう山に登って，そこの雪を食べてみたい。

ほかにも富士山に登ってみたい，黄河をわたってみたい，あの湖に，あの森に……という歌が連なります。心の軋（きし）みが聞こえるような短歌です。

子規は，苦しい状態にあったにもかかわらず，素晴らしい作品を残したというべきでしょうか。それとも病苦の中だから「こそ」書けたというべきでしょうか。

ある種の欠損を跳ね返すために，あるいは欠損をカバーするために，それ以外の優れた部分が機能して，ある種の達成が可能となるということはよくあります。誰しも苦手なこと，相対的に弱い部分，欠点はありますが，それをバネにして特筆すべき成果が得られるというのは珍しいことではありません。

同時に子規の歌で，元気や力をもらったりする人は多いことでしょう。だからこそ，今でも広く読まれ続けているのです。

弱さのもつ可能性，「弱さの強さ」のような逆説については，多くの論者による指摘がありますが，その一つとして評論家の若松英輔は，弱いものに対して反射的に「助ける」ことを考えるだけではなく，むしろ「弱さから学ぶ」ことを唱えています（『弱さのちから』（亜紀書房，2020年））。

何かが「無い」，「失われている」ということは，「単に無い」ということではないのでしょう。哲学者のジャック・デリダ（1930-2004）の言い方を借りれば「不在の現前」として，場合によっては大きな役割を果たすのです。

「ウーフニック」は，本当に我々の救い手となっているのかもしれません。

10 貧困と生活保護
── 最低生活保障，自立支援──

● 一億総中流じゃなかったっけ ●

フロントストーリー

　むかしむかし貧乏だが，まじめでよく働く夫婦がいた。大晦日の夜，押し入れの奥から，泣き声が聞こえてくる。おそるおそる見に行くと，へんてこで小さくやせた，よれよれの爺さんがいる。

　「私はこの家に住み着いていた，貧乏神です。あなたたちがまじめに稼ぐので，もうこの家にはいられなくなりました。明日から代わりに福の神が来ます。お名残り惜しいけれども，おいとまします。」

　なんだか気の毒になった夫婦は「そんなにあわてて行かなくても」と引き止めて，お茶を出したり，ごちそうを出したりした。

　そうこうしているうちに福の神がやってきた。太っていて，いばっている。貧乏神を見つけると「この野郎，まだここにいたのか」と追い出しにかかる。必死にあらがう貧乏神に，つい夫婦も加勢して，とうとう福の神を投げ飛ばしてしまう。「こんな家，二度と来てやらないぞ」と福の神は捨て台詞を残して去っていった。

　　　　　いもとようこ『びんぼうがみとふくのかみ』より †

　この話をどう受け取るかは人によるでしょうが，もし妙に心に響くものがあるとしたら，「お金がすべてではない」と思わせるものがあるからでしょう。

　1990 年代，「清貧」がもてはやされる風潮がありました。戦後の高度成長を経て「一億総中流」といわれ，さらにバブル経済に至った反動であったかもしれません。その頃には貧困問題など，忘れられていたのです。階層が消えた「新中間大衆の時代」（村上泰亮（経済学者。1931-1993））ともいわれていました。

　しかし皮肉なことにその少しあとから新自由主義的改革，規制緩和等に伴って格差が拡大し，貧困問題が深刻化ないしは再浮上してきました。そのようにして改めて注目されるに至った貧困や生活保護が，このパートのテーマです。

　† いもとようこ『びんぼうがみとふくのかみ』（金の星社，2011 年）

111

◆ 問題の所在——それは「問題」なのか，どこに問題があるのか

　貧困が，いまや大きな社会問題であることは疑いありません。ホームレスやネットカフェ難民，非正規・派遣切り，倒産件数や失業率，子ども食堂等々，貧困にかかわる話題には事欠きません。子どもの貧困，貧困女子，ワーキングプア，下流老人・老後破産等々，人のあらゆる属性に貧困がつきまとうようになりました。

　「貧困に頹れる（くずおれる）」ことへの対応は，社会政策の原点ともいえる事柄です。もちろん貧困対策としては，生活保護があります。憲法25条1項に基づいて，国民に健康で文化的な最低限度の生活を保障する仕組みです。しかしこの生活保護についての社会の見方は，見事に二極化しています。

〈社会的な問題としての契機〉

　すなわち一方では，格差の深刻化に伴って，生活保護に頼らざるを得ない層への対処の必要性がいわれています。生活保護の受給世帯数や支給額は，増加する傾向にあります。さらに本来受給できるはずなのに申請していない・受給できていない人たちも多いといわれ，「捕捉率」の問題と呼ばれます。制度を知らないという場合に加え，世間体なども不申請の大きな要因です。

　生活保護については，その申請の要件（見方によっては「壁」）がいろいろあって，それを使えずに孤独死のような悲惨な最期を迎えているという話も聞かれます。生活保護制度が必ずしも役割を果たせていないという指摘です。役所窓口が申請を「水際」で阻止しているという点もよく問題とされます。

　ところが他方では，この生活保護制度については不正受給の問題がしばしば大きく取り上げられます。

　実際のところ，いわゆる不正受給でもっとも多いのは収入の不申告や過少申告なので，多くは受給しながら遊んでいるというわけではないのですが，しかし生活保護をもらったとたんに酒を飲みに行くというような極端な事例が大きく取り上げられることもあって，深刻な制度不信を招いています。

　この両者の見方の間で，政策対応がいわば「二方面作戦」を強いられる様子をこのパートでは見ていきたいと思います。

◆モデルによる分析・検討

〈空間モデルによる理解〉

　人々の所得分布を空間モデルに配置してみると，低いものから高いものまで分布します。このときその左端，すなわち最低生活限度を割っている場合には，生存権を保障するために，いわば「地面に落下」しないためのクッションとして生活保護が支給されます。

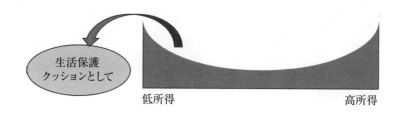

　ですが，その境界部分の見極めは困難です。つまり貧困の閾値を越えてしまったように見えても，実際には越えているかどうかが問題となるのです。モデルでいえば，左端を越えていても，いわば「すぐ地面まで落下」しないケースがいろいろあるということです。

　一つには所得の把握自体，簡単ではありません。たとえば過去には所得が多くあったが，今は全然ないという場合はありますし，その逆もあります。給与所得であれば源泉徴収で把握できますが，そうでない所得については自主的な申告がなければなかなか把握できないことがあります。

　さらに入ってくる所得（フロー）とは別に，保有している資産（ストック）の要素があり，それを入れると話は変わって来ます。つまり普通は定例的な収入がないと生活を維持できないという想定のもとで生存権の保障を考えるわけですが，フローとしての所得はなくても大きな資産を保有していることがあり，それは見極めづらいのです。たとえば通帳を別に持っている場合から，財産を床の下に隠しているというような話まであります。

　ただ，たとえば車を保有している人は，それを売れば，得られた代金でしばらく暮らすことができるはずですが，仕事や求職活動のために車が必要という場合もあり，微妙な判断になります。パソコン等についても同様でしょう。

また親族の援助との関係も問題となります。よく有名芸能人の親族が生活保護を受給していると「おかしいではないか」といわれがちです。もっともこの点，民法上の生活保持義務は，配偶者と未成熟子に対してのみというのが普通の考え方なので，特に親を扶助するのが法的な義務というわけではありません。他方，親族に連絡がいくので申請をためらうというケースもあります。

　このように貧困にかかる閾値のあたりを見定めるのは，難しい作業なのです。

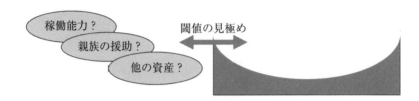

〈稼働能力の要件〉

　さらに，自身で働いて収入を得られないのかが問題となり，これを稼働能力の活用の要件といいます。自分で働いて稼ぐことができるのに，それをせずに生活保護に頼るのはダメだということです。この要件があるので，特に若い人は生活保護を受けづらい傾向があり，生活保護の被保護人員の年齢構成で高齢者が多いのはそういう理由でもあります。

　実務的には，稼働能力の活用にかかる以下の3要件を勘案して，支給されるかどうかが決定されます。

　第一に「働けるかどうか」（稼働能力の有無）です。「体が弱いが，まったく働けないわけではない」かどうかなどが争われます。仕事の内容により求められる能力も異なるので，一律に判定できるものでもありませんが，「働けない」とすると要件を満たし，逆に「働ける」とすると，以下の2点で判断されます。

　第二に「働く意思があるか」です。本人が働けるのに最初から働くつもりがなければ，生活保護を支給するに値しません。もっとも内心の問題でもあり，そういう「意思」の有無を判定するのは容易ではありません。

　第三に，働く意思があれば，「働く場所があるか」です。「どうしても仕事も見つけられない」かどうかなどが争われます。しかし上記の本人の諸事情や，本人の希望をどこまで勘案するか等によって，その幅には広狭があり得ます。

〈生活保護の保護基準〉

　これらの要件を満たすときに最低生活の基準を維持するために生活費として支給されるのが，生活保護の代表的な給付で生活扶助といいます。

　生活保護制度には，生活扶助以外にもさまざまな種類のものがあります。特に医療扶助は給付額の実績としてはもっとも多いものです（生活保護受給者は医療保険にも加入できません）。ほかに住宅扶助，教育扶助，介護扶助などがあります。ですがここでは生活扶助について，もう少しみておきたいと思います。

　最低生活を保障する水準は，保護基準（告示とそれを具体化した通知等）によって細かく決められています。年齢や家族構成はもちろん，住んでいる場所等々も細かく勘案されます。

　あくまでイメージとして例示すれば，核家族の3人世帯なら，都会で16万，地方で13万円くらい，また高齢者単身世帯なら，都会で8万，地方で6.5万円くらいという水準です。

〈基準額の決め方〉

　この基準額の決め方・考え方は，これまで変遷してきました。

　生活保護法制定時はマーケットバスケット方式といって，最低生活を維持するために必要な物資を具体的にひとつひとつ数えていって（つまり「バスケット」に入れていって），その積み上げで基準額を決めていました。しかしその後，全体の国民の生活・経済動向に合わせる形で，底上げされてきています（水準均衡方式）。全体の生活水準が上がれば，生活保護の基準も上がるわけです。

　そうすると，そういう水準は「最低」とはいえないのではないかとの疑問もあり得ますが，憲法25条1項では，健康で「文化的な」生活を保障しており，ここにその具現化を見る余地はあるでしょう。

　逆にかつてのマーケットバスケット方式というのは，考え方としては分かりやすいのですが，実際にはとても難しいのです。人間が生活の上で実際に必要とするものは，個々人で千差万別だからです。結局のところ，国全体の生活・経済動向との比較で妥当な水準を決めるしかないともいえるでしょう。いいかえればその中で実際に何に支出するかは，個々人のやりくりと判断に任せるしかないということです。

〈実際の支給額──基準及び程度の原則〉

　生活保護の基準額をみてきましたが，実際にはその額そのままが支給される
わけではありません。収入があれば，生活保護の給付と，実際の収入とを足し
て，ちょうど基準額に達するように給付額は計算されます。たとえば基準額が
15万円で，収入が5万円あれば，大雑把には生活保護からの給付は10万円に
なります。つまり最低限に足りない分の額を生活保護が支給され，収入と合わ
せて最低水準を確保するということになります。

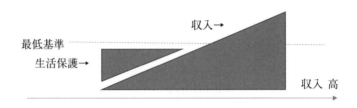

　ただこの仕組みだと，働けば働くほど収入は増えるわけですが，最低基準に
達しない限り，その分，生活保護は減らされてしまうので，就労意欲をそぐ
（モラルハザードを助長する）制度だともいわれています。

　つまりこれを時間的推移にあてはめて，左端のまったく仕事がない状態を起
点として，右に向けて徐々に職業的・経済的に自立していくプロセスとみると，
自立していけば行くほど，生活保護の額は減ることになります。

　「そんなの当然じゃないか」という見方もあると思います。しかし逆方向に
考えて，少し手を抜いた（たとえば就労時間を減らした）としても，その分，生
活保護で補われるとすれば，やや問題だと感じられるのではないでしょうか。

TERMINOLOGY　豆知識　不正受給／収入無申告・過少申告

　生活保護の不正受給というと，働けるのに働かずにもらっているというイ
メージかもしれません。しかし統計上もっとも多いのは，働いているのにその
収入を申告せず（あるいは過少に申告して）生活保護をもらっているケースです。
　もちろんそれも不正受給であることは間違いありません。ですが定期的な
賃金収入であれば，普通は支払段階で源泉徴収されます。その意味では多く
の「不正受給者」が，不安定収入の就労者にあたるということはいえそうです。

〈就労自立に向けたインセンティブ〉

　この問題へのひとつの方策は，いわゆるテーパリング（tapering：逓減的な給付）です。すなわち収入に応じて生活保護は減額されるのですが，収入が増えたほどには減額しない（合計額では増えるようにする）という手法です。

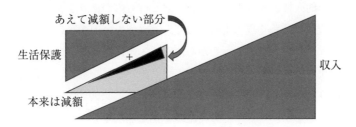

　ですがこの方法では，合計すると最低生活水準より高い水準を保障することになるのが理論的な難点です。またこの場合，人々の行動がどうシフトするかは不透明で，もし行動が変わらないと支給額が増えるだけになってしまいます。
　実際には現在でも勤労所得控除という仕組みがあって，収入全額が収入認定（減額）されないように，多少の調整はされています（計算は複雑ですが，収入の10％までなど）。これは実質的にはテーパリング的な効果をもつものです。

　さらに基準を超えたので生活保護を減らした分を，将来自立したときのために「貯めておく・預かっておく」という仕組み（就労自立給付金）も作られました（2014年）。いわば「エア積み立て」です（上限10万円ないし15万円）。
　これらの政策には意味があると考えられます。ただ難しいのは，これらの政策効果がうまく計測できないことでしょう。人々の行動は，多様な要因によって，様々な方向に動くからです。

〈支給額の使途〉

　生活保護を遊興費（酒やギャンブル）に費消しているというような話が喧伝されると，税金を払っている庶民の神経を逆撫でするのはよく理解できます。

　ただ，こういう生活保護の使い道に関して，有効な対策があるかどうかを考えると，基本的人権云々は別としても，難しいものがあります。

　第一に，金銭ではなく現物支給にして，衣食住などの本当に必要なものだけ配ったらどうかといわれます。しかし何が「本当に必要か」は人により異なり，年齢も健康状態も居住地も千差万別なので，誰がそれを個々に判定して調達するのかという話になり，現実的ではありません。

　第二に，カードやバウチャーの仕組みで使途を限定してはどうかといわれます。酒類などには使えないようにするのです。しかしカード等を使う際のスティグマの問題（生活保護受給者であることの「表示」になる）に加えて，すぐに抜け道（たとえば生活必需品と酒類を交換する仕組み）が出てくるでしょう。

　第三に，そういう受給者をきちんと監視してはどうかといわれます。しかしプライバシー問題を別にしても，受給者は200万人以上いるので，全員を監視するのは不可能です。だからといって「抜き打ち検査」も不公平でしょう（もっともそういう不適切事象についての市民からの「通報」は多いのですが）。

〈就労強制の困難〉

　とくにホームレス対策として，住居を提供しつつ，就労してもらえばいいといわれることも多くあります。実際，自立支援センターのような形で，住居を提供しつつ，働いてもらうという施策は行われてきました。

　しかし基本的にそれは任意のものです。住居や職業を選べるというのはまさに憲法22条が規定する基本的人権です。イギリス19世紀のワークハウス（労役場）というのは，いわば強制収容所で，最初期の「野蛮な」福祉政策として知られています。貧困対策の歴史は，工夫と失敗の連続でもあるのです。

　そうすると「働けるのに働かない」ことへ対抗する手段としては，結局「生活保護を支給しない」ことしかなくなりそうなのが難しいところですが，逆にやや緩やかに生活保護を支給することで，治安の確保をはじめ，達成される利益や節減される費用にも無視できないものはあるでしょう。

〈生活困窮者自立支援制度──生活保護の一歩手前で〉

　現行制度では，一定のラインを割ったところで生活保護の申請が認められます。しかし空間モデルでいえば，一度，閾値を超えてしまうと，なかなか元に戻ってこない──すくい上げるのは難しいところがあります。そうだとすれば，少し早めにその「動きを止める」ことはできないかが課題となり得ます。

　そこで経済的に困窮し，最低限度の生活を維持することができなくなるおそれのある者を対象に，生活困窮者自立支援法がつくられました（2015 年〜）。そこではまず相談して，住むところを確保して，仕事に就いてもらうというのが基本的な方向で，「福祉から就労へ」というのがスローガンです。子どもに対して学習の援助を行う事業などもあります。

　その一環として，生活全般にわたる困り事の相談窓口が全国に設置され，とにかく困り事があったら「まず相談してください」と呼びかけています。具体的には住宅関係，就労関係，家計関係，子どもの教育関係などが挙げられており，引きこもりの問題なども相談できます。

　相談を「断らない」，「たらいまわしにしない」ということも標榜されており，実際にはなかなか難しそうですが，今後の運用が注目されます。

BOOKSHELF　社会問題を考える本棚

・実際の生活保護の内容・運用を知るためには，『生活保護手帳』（中央法規，各年版）が頼りになります。ただ「手帳」といいながら，毎年だんだん分厚くなってきて，最新版では 1000 ページに近づいています。

・そこで，この生活保護手帳を「読むための本」というのが別途あって，その中でも池谷秀登『生活保護手帳ハンドブック』（日本加除出版，2017 年）は分かりやすく，通読できます。

・湯浅誠『反貧困』（岩波新書，2008 年）は，現代的な貧困問題についての議論の嚆矢となった本です。「すべり台社会」の指摘，「溜め」の必要性など，今でも読む価値があります。

・吾妻ひでお『失踪日記』（イースト・プレス，2005 年）は，突然失踪してホームレスになった人気漫画家による体験を描いた漫画です。

◆**政策的対応に向けたヒント**──袋小路に入る前に

　生活保護に対しては，冒頭でふれた2つの見方，すなわち「厳しすぎるじゃないか」という見方と「甘過ぎるじゃないか」という見方が交錯するため，政策的な対応が大変難しいところがあります。

　とくに生活保護を支給する際には，厳格に判定しないと不公平になります。ですが厳格すぎると，困窮しているのに支給されないということも出てくるし，親族にまで調査が行くとプライバシー面でも問題になり，申請を躊躇われることになります。自治体の財政に関わることもあり，申請しても窓口がなかなか受け付けてくれないこともあるといわれ，水際作戦などといわれます。

　ところがそのように厳しく判定しても，財産があるのにもらっているとか，生活保護をもらって遊んでいるというような批判が絶えません。税金が財源であることもあって，世間の目は厳しく，役所には「通報」も多いのです。

　とりわけ難しいのは，申請者が「働けるのに働かない」のか，「本当に働けない」のかという判定です。もし働けるなら，働いて自分で収入を得ればいいわけですが，しかし個人的な事情は千差万別で，「働けるかどうか」を容易に判定できるものでもありません。仕事の内容によるところもあります。

〈事前と事後〉

　これは，すでに貧困状態に至ってしまったときにどうするかという「事後」の対応の難しさでもあります。どうしてそういう状態になったのかを含めて，もはや判定が難しい「袋小路」に入ってしまっているのです。

　ただそのことは逆にいうと，生活保護の枠内だけで解決しようとするのは無理で，そういう袋小路に入るケースを減らせるように，「事前」の政策的な対策を重視すべきことを示唆するものでもあります。

　そこで中心的な役割を果たせるのは，公的年金や雇用保険などの社会保険でしょう。過去に自身で保険料を拠出しているならば，一定の要件（年齢，離職等）を満たす限り，そこそこ緩やかに給付しても怒る人は少ないからです。

　社会保険という枠組みについては，いろいろ批判もありますが，あらためて「事前」の対応策としての有効性は評価してよいように思います。

PATHWAY〔社会問題への小径〕——相対的貧困は「相対的」か

　近時の大きな論点として，相対的貧困というものがあります。これは貧困の絶対線は割っていなくても，一般的には所得の中央値（メディアン）の半分以下のところの人たちは，相対的貧困にあたり，対応が必要だとされるものです。日本ではその割合が15％以上あって，先進国の中ではアメリカに次ぐ水準とされます。

　たとえばスマホは「生きていく」ために必須ではないけれども，学生生活や就職活動には必須でしょう。子どもが遠足におやつを持ってこられないとか，一緒にゲームをできないとかも，生命や生存にはかかわりませんが，格好のいじめの対象になりそうでもあります。日本では2018年時点で7人に1人の子どもが相対的貧困にあたり，OECD加盟国の中でも劣悪な水準といわれます。特に母子世帯が深刻な問題を抱えています。

　所得には何らかの格差があるので，誰かが「相対的に貧困／富裕」になるのは当たり前ではないかと思われるかもしれませんが，これは格差の度合いを示す指標で，政策的な対応により「底上げ」できれば，（全員の所得を完全に平等にしなくても）相対的貧困率はゼロにすることは可能です。それは公平自体に意味があるという考え方でもあります。

　下の2つの所得分布を比べると，全員の所得の平均値も中央値も同じでも，①より②の方が相対的貧困率は小さく，格差は少ないといえます。

所得高

　社会全体としては，②の方が幸福度は高いのではないかということです。もちろん隣の人と比べたときの顕示欲の確保に躍起な人も少なくないでしょう。ですが，たとえば食べる物，着ている物，住んでいる所など，周囲の人とあまりに格差があるよりも，そこそこ似ている方が，少なくとも社会全体のあり方としては「お互い安心」だし，何かあったときには「助け合いやすい」ということもあるのではないでしょうか。

AFTERWORD（余滴）── パンの作り方を教える

> 人に授けるに魚を以ってするは，漁を以ってするに如かず。
> （魚をくれた人のことは忘れてしまうが，漁のやり方を
> 教えてくれた人のことは忘れない」という趣旨）†

　空腹な人がいたとき，パンをあげれば，それを食べておしまいですが，パンの作り方を教えれば，その人自身もずっと空腹から免れられるし，社会にとっても援助を続ける必要がなくなるのでいい，という考え方があります。

　だから貧困に対しては，自立支援こそが大事だといわれ，途上国支援などでも同じようなことがいわれることがあります。欧米ではワークフェア（workfare）という考え方があります。ウェルフェア（welfare：福祉給付）に頼るのではなく，就労によって自立していくべきだという考え方です。

　他方，この自立支援重視の考え方に対しては，強い反対もあります。論点は多岐にわたるのですが（特に自立の内実については多くの議論があります），「働かざるもの食うべからず」につながり，福祉をカットするための方便として使われるだけではないかという面は否定しきれないでしょう。

　また，就労なら何でもいいのか，という点も問題です。以前に新聞の投稿欄で「引きこもっていた息子が，やっと就職してくれた。しかしそれはどうも見ていられないような「成人向け」ゲーム制作の仕事のようで，親としては複雑な心境だ」というのがありました。

　こういう話を聞くと，何でもいいから就職（就労自立）さえすればいいというものでもないと思ってしまいます。もちろんこれに対しては，成人向けゲーム制作はきちんとした仕事でないかという反論，また，だったらその息子に（親がいなくなったら）生活保護を支給するのかという反論もあり得るでしょう。

　市場（賃金）労働は今日の社会で，非常に（あえていえば過剰に）高いポジションを占めています（➡ 14. 仕事と市場，15 賃金労働と雇用社会）。その負の面が，生活保護の運用に過度なプレッシャーをかけないように留意すべきでしょう。

　† 老子の教えで『淮南子（えなんじ）』に記されているともいわれるが，見当たらない。

11　老後と年金
── 公的年金財政，世代間扶助──

● 不安と不満はどこから来るのか ●

フロントストーリー

言葉が傷ついたら詩人は介抱しなければならないのに
ぼくの目にするものは死語ばかり
死語の世界で生きていることは
ぼくはあの世の人かもしれない

青年のときは
軍国主義の合唱に耳をふさいで
死んだふりをしていればよかったが
老人年金をもらうようになってからは
生きているふりをしなければならない

田村隆一「羽化登仙」より †

　代表的な戦後詩人・田村隆一（1923-1998）のユーモラスな一節です。

　時折，もう老親が死んでいるのに，子どもがそれを届けずに老齢年金をもらい続けているのが発覚することがあります。どうせあとで発覚するに決まっているのに，と思ったりもしますが，そんなことを考える余裕もないのかもしれません。

　年金制度は極めて複雑で，しかも人によっては結構な金額をもらえるので，こんなことも起きるのでしょう。日本の平均寿命は世界で最長のレベルですが，そのことが長生きリスク，老後破産などという言葉も生んでいます。

　社会保障の中でも年金は，国民の関心が高いこともあり，多くの議論がされてきています。年金は自分の老後に直接関係する事柄であり，他人事ではいられないのかもしれません。

　そんな年金の問題がこのパートのテーマです。

† 田村隆一『詩集 1999』（集英社，1998 年）

◆ **問題の所在**──それは「問題」なのか，どこに問題があるのか

　公的年金は，国民の不安の温床となっています。それは「年金はもつのか」ということであり，具体的には「自分はもらえるのか」，「それで足りるのか」ということでもあります。

　社会保障給付費の中でも，公的年金はその約5割を占めています。様々な国民の意識調査からすると，社会保障は（コロナ禍を別にすれば）国民が最大の関心を寄せる対象であり，その中でも最大の項目は年金だとすると，年金は日本最大の社会問題ということになるのではないでしょうか。

　ですが，なぜここまで「問題」化しているのかということは，改めて精査する必要があるように思います。

〈社会的な問題としての契機〉

　なぜここまで大きな問題になったかについては，いろいろなレベルでの答えが可能です。たとえば想定を超えた少子・高齢化の進展，すなわち出生率の低下と平均寿命の延び，またそれに伴う財政難，さらに低金利の運用環境などがスタンダードな回答でしょう。

　他方，年金については様々な事件が起きてきたことも見過ごせません。年金記録問題（2007年），いわゆる「消えた年金」がその典型ですが，そのほかにも年金資金の流用や企業年金（厚生年金基金）の破綻など，不信感をあおるようなことが起きています。

　さらにマッチポンプというべきか，政府・厚生労働省が保険料率の引き上げや年金額の調整を実現するために，「このままでは大変だ」ということをいい過ぎたという面もあるように思います。そしてこれに乗った論者が「年金崩壊」を喧伝したということがあります（日本人はとかく「崩壊」が好きなのです）。

　加えて年金についての法的な仕組みと，お金の動き方とが「ずれている」ことが，厄介な議論を招いているように思います。多くの人は，公的年金は自分の老後のために「積み立てている」と思っているのではないでしょうか。

　このパートでは限られた項目になりますが，それらの年金の諸問題を順次見ていきたいと思います。

124

◆モデルによる分析・検討

〈時間モデルによる理解〉

　そもそも年金とは何かについて，いろいろ議論はありますが，ここでは老齢年金を中心に考えてみましょう。公的年金の給付としては，障害年金や遺族年金もありますが，少なくとも支給額としては老齢年金が圧倒的です。

　老齢年金については，時間モデルに即してみることができます。すなわち勤め人は老齢になると，収入が得ることが難しくなります。通常の勤め人は，一般的には老齢に伴い仕事を引退（退職）したところで，急に収入が途絶えてしまいます。【タテ軸は収入の水準です。】

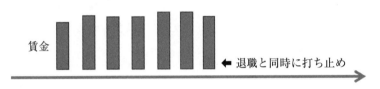

　他に収入がなければ，たちまち生活に窮してしまいます。しかしそうであることが分かっていれば，あらかじめ備えておくことが考えられます。つまり賃金の一定の部分を「取り分けて」おいて，それをあとで受け取るということです。具体的には保険料を払っておいて，老後に年金として受け取るわけです。

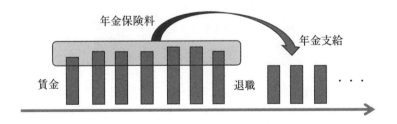

　もしそうだとすると，これは現役時代に行う「自分の老後のための積み立て」だということになります。日本の公的年金の法的な仕組み（国民年金法，厚生年金保険法など）では自分が払った保険料に応じて，老後に受け取れる年金額が決まって来るので，実際にそのようなものとしてみることが可能です。

もちろんこれは賃金労働に携わる勤め人に限らず，年金は一般的に老齢になってからの生活保障だということもできます。ただ少なくとも歴史的経緯としては，年金制度はこのように雇用・賃金労働と密接な関係にあります。国によって経緯は様々なので，たとえばビスマルク流の「アメとムチ」のアメの部分だという説明なども可能ですが，今の制度に連なる説明としては，この賃金労働との関係が妥当するように思います（➡ **15. 賃金労働と雇用社会**）。

　もっとも老後に備えた各人の貯蓄によっても，同じ効果は得られるはずです（ただし別途，「長生きリスク」の問題があります➡ **12. 民間保険と私的年金**）。ですが賃金労働者にとっては，賃金が収入のすべてなので，それを当座の生活費などに使ってしまうと，何も残りません。賃金労働者は自営業者のように土地や店舗などの資産を有していないのです。そこでは「無理にでも」一定の部分を「取り分けて」残しておくため，毎月支払われる賃金から，強制的に保険料を天引きすることに意味があるわけです。

〈空間モデルによる理解〉

　他方，空間モデルにあてはめてみると，年金は，自分自身で収入が得られない層に，収入を得られる層から金銭を移転する仕組みとみることができます。

　すなわち所得がある層から，所得がない層への再分配という位置づけです。そうだとすると公的年金（老齢年金）については，生産年齢人口から高齢者に所得を再分配するものだというのが基本的な見方となります。右端を越えての矢印が老齢年金です。それ以外に左端を越えての矢印として，障害者への障害年金，一家の稼ぎ手を失った母子等への遺族年金を位置づけることもできます。

　直接に拠出と給付がリンクしているわけではありませんが，所得税と生活保護や，児童手当制度なども，この図式で説明することが可能でしょう。

　これは年金の見方としては，賦課（ふか）方式による年金財政といえます。賦課方式とは現役世代の拠出した保険料が，ただちに引退世代の年金に充てられる仕組みをいいます。この仕組みであれば，積立金は原則必要なくなります。

　政府（厚生労働省）は公的年金は自分の老後のための積立ではなく，世代間の助け合いなのだということを強調しています。多くの人は，その「基本」を理解していない・誤解しているといわれることもあります。

　ただこの年金の賦課方式については，世代間の助け合いといっても，むしろ世代順送りの扶養，先行世代への所得再分配というイメージになります。

〈年金の算定式〉

　他方，法律には賦課方式云々の表現は見当たらず，年金額の算定式は複雑ですが，結局のところ，支払った保険料に応じて決まります。

　たとえば１階部分といわれる国民年金（基礎年金）については，保険料は一定（2021年度では16,610円）で，年金額（年額）は「一定額（2021年度では約78万円）×保険料納付月数÷480」で決まります。つまり定額の保険料を，何カ月支払ったかで，年金額は決まるのです（この額は毎年，物価スライドで改定されます）。ただし最低10年間は払わないと受給資格が得られません。なお勤め人の場合は厚生年金の保険料を払えば，国民年金の分もそこに含まれているという考え方で，別途保険料を支払う必要はありません。

　また２階部分といわれる厚生年金の年金額（年額）は，「過去の給与（平均報酬月額）の平均×生年月日に応じた定率×被保険者月数」で決まります。保険料は給与に比例して決まりますので，結局のところ，保険料をいくら，何カ月払ったかで年金額が決まることになります。勤め人はこの１階部分と２階部分の年金を受け取ります。

　つまり日本の公的年金は，お金の流れとしては賦課方式ですが，法律的にみれば，年金額は「積み立て」的な考え方で決まってくるともいえるのです。

〈日本の公的年金制度の概略〉

　ここで改めて日本の公的年金制度の概略を見ておきましょう。

　日本では，社会保険の仕組みで公的年金が運営されています。あらかじめ保険料を払っておいて，主に老齢になってから年金を受け取るという仕組みです。

　ただしその財源には，国庫負担（税金）も含まれており，基礎年金の半分が国庫負担で賄われています。消費税のかなりの部分がこれに充てられています。

　公的年金の体系としては，20歳以上の全国民が加入する基礎年金（1階部分）と，勤め人の厚生年金（2階部分）から構成されています。つまり勤め人（賃金労働者）にとっては，基礎年金と厚生年金の2階建てになっています。

　これはもともと賃金労働者を対象に制度があったところ，それを自営業者等を含む全国民に広げたことに由来します。その広げた分が1階部分なのです。

　老後保障の要請は，自営業者等よりも，退職により一挙に収入を失う勤め人の方が大きいので，勤め人には一律に2階部分を強制するものです。その分，保険料も高いので，年金水準に差があること自体が不公平とは言い切れません。

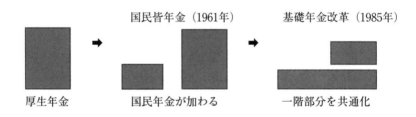

国民皆年金（1961年）　　　　基礎年金改革（1985年）

厚生年金　　　　　国民年金が加わる　　　　一階部分を共通化

　1階部分の基礎年金は，保険料も年金も定額ですが，2階部分の勤め人の厚生年金は，保険料は所得比例で，年金もこれに比例しています。保険料を高く・多く払うと，受け取る年金額も高くなるのです。

　この中で，もし年金制度を積立方式とみると，現行の積立金（約150兆円）では全然足りないことになります。ですから年金が払えなくなる・破綻するという見方も出てくるのですが，逆にもし賦課方式とみると，破綻しようがない，今の積立金は多すぎるという見方にもなります。

　現状では，1階部分はほぼ賦課方式，2階部分は一定の積立金があり，それを約100年で（支払準備金だけを残して）取り崩す（賦課方式に移行する）計画となっています。

〈賃金再評価〉

厚生年金額の計算のベースとなる過去の給与（平均標準報酬月額）は，年金開始時に「再評価」されます。経済価値が長い間には変わってくるからです。

一般的にいえば戦後，賃金水準は上昇してきました。逆にいえばかつての1万円は，今の1万円より価値が大きかったのです。したがって過去の金額が，今ならいくらにあたるかを再評価する必要があるわけです。これは賃金スライド・可処分所得スライドともいわれ，公的な制度でなければできないことです（あわせて適用される物価スライドよりも，大きな意味を持ちます）。

たとえば後期高齢者に突入しつつある「団塊の世代」（1947-49年生まれ）は，今から約50年前，1970年頃に新入社員だったわけですが，その頃の大卒初任給は4万円くらいで，年金の保険料は6.2%（つまり毎月2-3000円）でした。

これをそのまま積み立てて，がんばって資金運用しても，意味のある額にはなりません。しかし当時の初任給4万円は，現在ならたとえば（係数4を掛けて）約16万円にあたるという形で「再評価」して年金額を計算するのです。

TERMINOLOGY 豆知識 賃金再評価／ポイント制

年金保険料で年金額を積み増していく仕組みは，カードでの買い物時などにポイントを貯めていって，将来何かの商品などに交換する仕組みにも似ています（企業の退職金額は実際にポイント制によって算定されることがあります）。

そこでポイントで交換できる商品カタログを，買い物時点で決めておくと，交換するまでの期間が長いので，その間に新しい商品も出てきます。昔の商品カタログには「電話」や「レコード」が載っていても，実際の商品交換時にそのままだと時代遅れになり，「スマホ」や「CD」に差し替える必要があります。

過去の貢献を，その時にふさわしく再評価するわけです。そのように年金額を，その時点での経済に合わせて補正するのが賃金再評価の仕組みだといえます。もっとも実際の再評価テーブルは，生年月日別にかなり複雑です。

ちなみに消費税等の税金が，いわばポイントカードの年会費にあたるので，ケチって買い物を控える（年金保険料を払わない）と，不可避的に払っているカードの年会費分（基礎年金財源の1/2を占める税金分）が，いわば「払い損」になってしまいます（他の人たちの交換商品／年金に充てられてしまいます）。

〈制度の超長期性〉

　賦課方式の年金は「少子化に弱い」といわれ，そのことで制度が信頼を得られていないところがあります。少子化が進んでいるので，現役世代，さらに将来世代が割を食うのではないかと思われるためです。

　この点で積立方式は，確実性があるように思えますが，積み立ては長期の経済変動には弱いものです。20歳から保険料を支払って，受け取るのが65歳から死ぬまでですから，50年以上先のことを見通せるかという話になります。

　すでにふれたように「現在」の50年前というと，高度成長期の1970年頃です。公害とともに1970年代の最大の懸案は物価高で，そこで賃金再評価とともに，年金額を物価スライドさせるということが「始まった」時期です。

　その頃に今日のことが，一体どのくらい見通せたでしょうか。大震災だって，コロナ禍だって，数年前でも見通せなかったのです。年金の積立方式というのは，まったく見通せない遠い将来に向かって積み立てるということなのです。

〈制度の持続可能性，「年金破綻」との関係〉

　現行の仕組みでは，保険料を払った人だけが年金を受け取れます。ですから未加入・未納の人が増えても，年金財政の側にとっては，その人には年金は払わないですむわけですから，制度が破綻することはありません。

　ただ，実際のお金の流れが賦課方式なので，未加入・未納の人が増えれば「支える人が減って，支えきれなくなる」というイメージがあると思います。実際に本当に突然全員が保険料を払わなくなったら，資金がショートするでしょう。

　しかし少なくとも2階部分（厚生年金）に関しては，勤め人は給料からの天引きなので，そこは払わないという選択肢は不可能です。

　また1階部分（国民年金）に関しては，すでにみたように給付額の1/2は国庫負担（税金）で賄われています。ですから保険料の収納が減ったとしても，ただちに年金額が減るわけではありません。年金額は所定の（保険料の拠出に応じた）算定式で決まり，その収支（ぴったり一致はしません）の調整は，短期的には国庫負担分や積立金により可能です。また長期的にみれば，未納者には年金支給の必要がない（国庫負担分も含め）ので，財政的には助かるくらいです（もっともその分，生活保護の支出が増えることがあるかもしれません）。

◆**政策的対応に向けたヒント**──公的年金のかくれた役割

　公的年金を社会的な政策対応という観点からみると，老後の生活保障自体にとどまらず，異なる役割も果たしています。ここでは３つを挙げてみます。

〈所得再分配を可能にしている〉

　第一に，公的年金の大きな意義の一つは所得再分配です。これが厚生年金と基礎年金という２階建ての体系の中で行われています。

　厚生年金は保険料も報酬（給与）比例で，年金給付額も報酬比例なのですが，基礎年金部分があることから，所得再分配が強く働いています。仮に払った保険料が２倍でも，受け取る年金額は（定額の基礎年金がある分）２倍にはならないのですから，その分が低い年金額の層に移転していることになります。

　報酬比例の保険料と年金は，一面では老後の受給者間の格差をもたらしますが，同時にその平準化にも寄与しています。公的年金が行っているのは，世代間の所得再分配だけではないのです。そこは私的年金との違いでもあります。

〈医療・介護費用を準備している〉

　第二に，医療や介護費用を準備することも，公的年金の大きな意義です。

　医療保険や介護保険では，窓口負担や保険料負担があります。また保険でカバーされない様々な費用も必要になります。これらは長寿化の伸展により，想定を超えて必要になった費用だといえます。

　日本で歴史的に，まず年金が拡充されてきたのは，高齢者に経済的基盤を与えたものとみることができます。これがあるからこそ医療保険や介護保険（2000年にできたばかりです）において，高齢者自身による利用時の負担や保険料負担（年金から天引きされています）が可能になったものといえます。そうでなかったら，その時の生産年齢人口に依拠せざるを得なくなるわけです。

　社会保障の中では，確実にくる老齢に備える年金よりも，必要費用が個々に大きく分散する医療・介護保障を重視すべきだという意見があり，それは一理あるのですが，今だからいえるという面があります。将来の想定外の支出に，年金はその金銭の汎用的な性格を通じて備え得ることの意義は大きいのです。

〈誰に支給するかを決められる〉

第三に，老後保障のための支給を，皆が納得する形で行えるという点も，公的年金の大きな意義です。

改めて政府が（政策的な観点から）誰に年金を支給する必要があるかを考えてみると，老後にもお金が十分ある人には，年金を支給する必要はないように思えます（もっともその判定自体が困難ではあります➡ 10. 貧困と生活保護）。

他方，努力して老後資金を貯めてきた人と，貯めてこなかった人とを比べると，後者にだけ年金を支給するのは腑に落ちないものがあります。もしそういう風に決まっているのなら，誰も老後資金を貯めなくなりそうです。

同様に，高齢になっても稼げる人には，年金を支給する必要はなさそうですが，これもそう決まっていたら，仮に働けるとしても，働かなくなる人が出てくるでしょう。

そういう事情が錯綜する中で，誰に年金を支給すべきかといえば，「神様」でもなかなか迷うところでしょう。そこを回避する（いわば「神様」による判定の代わりになる）有力な方策が，保険という方法です。あらかじめ保険料を払ってきたということであれば，老後にお金があろうがなかろうが，働けようが働けまいが，その人に受け取る資格を与えることに文句は出にくいでしょう。

社会保険という仕組みは，いろいろ不具合も指摘されますが，その大きな意味合いのひとつは，（事前の保険料の拠出を通じて）このような判定の困難を回避できることにあり，その点の意義は今日でも大きいと考えられます。

BOOKSHELF **社会問題を考える本棚**

・最新の公的年金制度の詳細を調べるためには，日本年金機構のホームページがいちばん頼りになります（https://www.nenkin.go.jp/）。

・税方式／保険方式とか賦課方式／積立方式というような既存の年金論議にうんざりという人には，『脱＝「年金依存」社会（別冊環9）』（藤原書店，2004年）があります。多方面の論者が多角的に年金を論じています。

・筒井康隆『銀齢の果て』（新潮文庫，2008年）は，年金の財政難を契機とした老人同士のバトルロイヤルを延々と描いた長編小説です。

PATHWAY〔社会問題への小径〕── 年金と囚人のジレンマ

　こんなイメージ図をよく目にすると思います。現役世代の人たちが，引退世代を支えるという構図で，支える側の人数が少なくて大変だという話です。

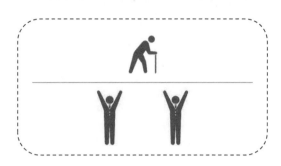

　これをみると，「囚人のジレンマ」が思い出されます。2人が結束すれば，何とか支えられるのですが，仮に一人が逃げてしまうと，残された一人は潰れてしまいます。それを怖れた双方が裏切ろうとするので，悲惨な結末を招くという話です。合理的な選択である「協力」をどうしてもできないのです。
　ところで年金も，あるいは高齢者を支える話もこれと同じ話なのでしょうか。
　答えは YES & NO であると思います。その中身はこのパートでみてきたとおりです。完全に YES であり，年金は潰れるに決まっていると思う人も多いのですが，決してそうでもないでしょう。
　「囚人のジレンマ」にどう対処すべきかについては，いろいろな所説がありますが，一つの解決策は，2人が離れないように繋いでおくというものです。そうすれば1人だけ逃げられないので，「結託して逃げる」（すると逃げる際に大きな傷を負う）よりは，「結託して支える」方を選ぶので，何とかなるというわけです。そこは年金に似ている気もしますが，いかがでしょう。
　年金に即していえば，全員が強制加入になっているわけです。とくに勤め人は保険料が給料から天引きされていて，逃げようがありません。社会保険を強制加入とする論拠は，経済学的な逆選択であるとか，パターナリズム（愚かな本人のため）とかいわれますが，むしろ「全員協力すれば，支えられる」というのが1つの今日的な説明ではないでしょうか。

AFTERWORD（余滴）—— 年金を育てる日本人

> 老人たちが年金小切手を現金化すると同時に，私の所得のご
> く一部が，国家の数知れない毛細血管をつうじてかれらのポ
> ケットの中に移転されるわけだ。
>
> マイケル・イグナティエフ †

　印象的なパッセージなのですが，しかし日本でこのメッセージが「刺さる」
人は，割と少ないのではないかという気がします。

　そしてそれこそが日本人の年金意識だと思うのです。つまり保険料は高齢者
のためではなく，あくまで自分の老後のために払っているのではないかと。

　公的年金を，積立方式に変えるべきだということが経済学者を中心によくい
われます。現実的には非常に難しい提案なのですが，大学で話すと，これがま
たものすごく学生が支持するのです。自分が払ったお金が，高齢者のところに
行ってしまうのだとすれば，自分が高齢者になった時に，ちゃんと年金をもら
えるかどうか分からないという感覚も強いのだと思います。

　それに関係して，日本人の強い貯蓄意識があります。日本人は，いわば自分
の「年金を育てて」いるのではないかと思うのです。農村（稲作）文明というこ
とでもあるでしょう。だからこそ年金の損得や，年金不安に敏感なのではない
かと思います。いわば育てた農作物を，収奪されるような気持がするのではな
いでしょうか。それは「保険」とはかなり違う思考方法でもあります。

　年金制度を見ていくと，随所でそういう貯蓄意識に沿うように設計されてい
ます。その端的なあらわれが，いろいろな方法で「掛け捨て」にならないよう
に設計されている点です。たとえば遺族年金により，長生きできなかった時で
も少なくとも家族には年金が「戻って」来ます。これに対峙するのが年金資格
期間だったのですが，それも 25 年から 10 年に短縮されました（2017 年）。

　そこは，「年金は世代間の助け合いなのだから，その感覚は間違いだ」とだけ
いっても仕方ないところがあるように思います。この意識をはなから無視して
政策論をしても，空振りになる危険があるでしょう。

† マイケル・イグナティエフ『ニーズ・オブ・ストレンジャーズ』（風行社，1998 年）

12 民間保険と私的年金

―― 長生きリスク，公私分担――

● 少しディープな保険ワールド ●

フロントストーリー

その男はたしかに十人の原爆孤児を救済した。かれはいま十人の少年たちと一緒に暮らしている。

しかし，肝要なのは，その男が十人の少年たちをそれぞれ三百万円ずつの生命保険に加入させている，ということだ。そして保険金の受取人はかれ自身だ。

すなわち，かれはそれに投資して有利な収益をはかるべき，利益率の高い家畜として，それら十人の少年をひきとったというべきではないか？

大江健三郎「アトミックエイジの守護神」より †

ノーベル賞作家である大江健三郎の初期の短編小説です。40ページ足らずの作品ですが，その思いもかけない結末には，再び保険が登場してきます。

いずれにせよ保険というものには，何かしら危うさ・怪しさが付きまとうものです。昔から保険金詐欺も横行しています。

しかしそれでもとにかく日本人は保険好きといわれて，保険の普及度合いは世界有数です。とりわけ生命保険は，多くは口座振替や給与天引きで毎月の保険料を支払うので自覚されませんが，家・クルマと並んで高額な買い物ですので，慎重に選択・判断すべき商品です。

それだけでなく民間保険は，政府の施策を補完する役割を果たしています。特に公的年金では足りないのではないかという話になると，それを補完する私的年金の役割が浮上します。保険の中で，死んだときに支払われるのが死亡保険金で，生きているときに支払われるのが年金なのです。

このパートは，そういう私的年金を含む民間保険がテーマです。

† 大江健三郎『空の怪物アグイー』（新潮文庫，1972 年）

◆ 問題の所在——それは「問題」なのか，どこに問題があるのか

　生活保障という言葉は，社会保障と民間保険とを含めた概念として使われる場合と，社会保障と雇用とを含めた概念として使われる場合がありますが，ここでは前者の意味合いがテーマになります。つまり政府（国や自治体）が行う社会保障がすべてではないということです。任意加入の民間保険も，個々人の生活保障にとって，また社会的な政策を考えるに際しても大切です。

　いわゆる生活リスクの領域については，保険という方法で備えることが可能です。したがってそれを政府が主導して，社会保障の一環として全員加入による社会保険で備えるか，もしくは個々人が任意に加入する民間保険によって備えるかという選択があることになります。

　後者の場合，個々人にとっては，任意で保険に加入する必要があるかどうか，また加入するとしたらどういう保険にするかという問題となります。老後保障が公的年金で足りるのかという話になると，私的年金の問題になります。

〈社会的な問題としての契機〉

　保険で対処すべき生活リスク領域について，どこまでを公的な守備範囲とし，どこからは私的にカバーする領域とするかは政策的な判断となり，公私分担論といわれます。

　もっともそれがどのような政策判断であるかが重要でしょう。抽象的に，「基礎的なニーズに対応するのが公的な社会保険」と位置づけられがちですが，領域や人により「どの部分が基礎的か」が一致しないことも多いのです。

　また身も蓋もない見方としては，「財政の制約が許す範囲で公的に」という線引きもあり得ます。国として，最低限の保障としては生活保護制度があることからすると，あり得ない考え方ではありません。しかし「金がある範囲で」ということでは生活保障の役割を安定的に果たすことができないでしょう。

　また私的保険に対しては，その税制優遇措置も大きな意味合いを持っています。このパートではそれらにつき，まず私的年金について，続いてそれ以外の民間保険について，見ていきます。

◆ モデルによる分析・検討

〈空間モデルによる理解〉

　もろもろの生活リスクに対して生活保障を行う方法を，空間モデルにあてはめてみると，政府（国や自治体）が行う領域と，そうではない領域とに分かれ，政策が関わるべきなのは一定の枠内だといえます。

　もっとも生活リスクの領域であっても，いずれによっても備えられない領域はあります。たとえば貧困，結婚（できないこと）や離婚などのカバーは，保険という方法（偶然性を前提とする保険数理）には適さないことが多く，そのうち一部はいわゆる「税か保険か」という問題として論じられます。

　他方，社会保険か民間保険かは，論理的にというよりは，政策的に振り分けていくことが多いといえます。

税制優遇↓

民間保険　　　　　　社会保険　　　　保険によらない方法

〈税制優遇〉

　ただ，公私の分担のいわば中間に税制優遇という政策手段があります。これは実際的には非常に重要です。

　次にみる私的年金についても，掛け金が所得控除の対象となる点に大きな意味があります。所得控除になるということは，その分，所得税の対象となる所得が減るということですので，減税効果があります。つまり掛け金を支払う段階で，減税措置を受けることができるわけです。

　これは見方によっては，社会保障による「給付の別の形」でもあるわけです。実際，児童手当と扶養控除が制度的に一体となっている国もあります。

　そのような位置づけを踏まえて，ここでは公的年金とのつながりで，まず私的年金を見ていきたいと思います。

〈年金における公私の分担〉

　公的年金は，現役時代の約5割を保障する設計とされています。そのこと自体の確実性につき，よく議論になるのですが，加えてそれでも足りないという話が「老後資金2000万円問題」として話題になりました（2019年）。

　そこで不足分はどうするのかということで，私的年金が浮上します。私的年金とは企業年金や個人年金などで，勤め人の年金の体系では「三階部分」といわれます。確定拠出年金（iDeCo）や国民年金基金などもこれに当たります。もっとも自営業者にとってはそれが二階部分に当たります（➡ 11. **老後と年金**）。

　これらは任意加入で，制度や資産の運用は保険会社や金融機関が行っているので，公的な制度ではありません（社会保障には通常含まれません）が，掛け金には税制優遇（所得控除）があります。それによって「自助努力を支援」しているわけですが，適切に制度を設計しないと，自助努力する余裕がある層だけが利用するという事態（いわゆる金持ち優遇）にもなりかねません。

〈長生きリスク〉

　年金の意義としては，「長生きリスク」への対応ということもよくいわれます。なぜ長生きがリスクなのか，めでたい事ではないかという見方もあるかもしれません。しかしここでは何歳まで生きるか分からないと，いくら生活費を用意しておけば足りるのか分からないということです。今や100歳を超えて長生きすることも珍しくないので，貯金といっても膨大な金額が必要になります。

　逆にそんなに貯めたとして，もし早く死んでしまうと，余ってしまってもったいない（生きている間に使えばよかった）ということになりますし，相続人がいなかったら民法959条により国庫没収になってしまいます。

（寿命）

余ってしまう　足りなくなる

　この難題を一挙に解決するのが終身年金という仕組みです。死亡率を織り込んで年金原資を計算して，その分を保険料で集めておけば，全員が生きている間（逆にいえば全員が死ぬまで），ちょうど年金を支給できます。

これは死亡保険と逆の形で，生きていることを保険事故（支払事由）とする「生存保険」ということになります。そこで公的年金では給付を終身年金設計にすることで，寿命の不確実性に対処しているわけです。

　もっともこういう長生きリスク論は，「この社会保険はどういうリスクに備えているのか」という議論の並びでは，やや異質です。つまり何が保険事故（支払事由）なのか，どういう場合に年金が支給されるのかという問いとは別の次元の議論です。いいかえれば医療保険における「傷病」や，雇用保険における「失業」のように，保険事故となるリスクを直接説明するものではありません。

〈なぜ議論になるのか──トンチン性をめぐる議論〉

　それでも特に研究者がこの問題をよく取り上げるのは，民間の私的年金ではこの終身年金はあまり提供されていないとされるためです。実際，日本の私的年金では10年間に区切った支払方式（確定年金）が主流です。そこでは「年金パズル」などといわれてアメリカの所説を直輸入した議論が盛んにされていますが，早く死ぬと「割損」になること，終身年金では保険料がかなり高くなることに加えて，日米での商品性の違いを考慮に入れる必要があるでしょう。

　もっとも最近，長生きするほど得な長寿年金というような形で，保険会社が販売する終身タイプの個人年金保険が改めて注目されています。これはトンチン年金という仕組みに機縁があるので，商品の名称としても「トンチン（型）年金」が標榜されることもあります。

TERMINOLOGY　〔豆知識〕　トンチン年金／終身年金

　妙な名称ですが，考案者であるロレンツォ・トンティの名前を形容詞にしたのがトンチン（tontine）です。もともとは年金原資が毎年利子を生んで，それを生残者で分配する仕組みでした。加入者が死ぬにつれ，1人当たりで受け取る年金額が増えていって，最後に残ったものが元本を独り占めします。だから殺し合いになりかねないということで，歴史的には禁止されたこともあります。

　今日の終身年金はもちろんこれとは違い，元本まで使って，ちょうど全員が生きている間は一定の年金額が支払われる仕組みです。もっとも早く死ぬと，その分の原資が生存者に回るという点が，トンチン（型）年金のポイントです。

〈年金の公私分担論〉

　そこで老後保障として，公的年金と私的年金をどう組み合わせるのが望ましいかという話になり，あわせてそこでは私的年金も，公的年金と同様に終身年金であるのが望ましいかというのが一つの論点になります。

　私的年金については，「つなぎ型」・「上乗せ型」などの設計があります。

　すなわち一つには，年金なら長生きした時に「ここまでで終わり」といわれては役に立たないことからすると，終身年金でないと意味がないと考えられ，そうすると「上乗せ型」が志向されます。公的年金の水準を信頼できるなら，はじめから問題はないわけで，そもそも公的年金だけでは不安だから問題になっているわけです。

　しかし終身年金は年金支払い開始後には解約できないので（これを認めると，死にそうになったら誰もが解約するからです），柔軟性に欠き，住宅ローンの返済などの一時金受け取りニーズには応えることはできません。またいつまで就労できるかが不確定であることも踏まえれば，私的年金では終身年金にこだわらず，公的年金の支給開始までの「つなぎ」に徹するという考え方もあります。

　折衷的に，これら2つを組み合わせた「ピストル型」の設計というのもあります。いずれにせよ多様なニーズに対応して，様々な私的年金が提供されているわけですが，それらへの税制優遇のあり方については慎重な検討が必要です。

　なお公的年金は，終身年金設計とはいえ，特に遺族年金が「早く死んだら損」というケースを救済しており，全体としてのトンチン性の「度合い」は低いといえます。

〈民間保険の種類〉

　いわゆる民間保険は，生命保険，損害保険，それ以外の「第三分野」の保険に分類されるのが普通です。生死に関する保険が生命保険であり（ですから生きている場合に支払われる個人年金保険も含まれます），損害を塡補するのが損害保険で，それ以外が第三分野ということになります。

　第三分野は，傷害保険や（民間の）医療・介護保険などです。これらは生死とは関係ないので生命保険ではありませんし，入院一日いくらというように定額給付であれば，損害保険でもないので，第三分野ということになります。

〈生命保険──なぜ民間保険なのか〉

　生命保険は，人の生死という非常に基本的なリスクをカバーするのですが，どの国でも民間保険の領域となっています。

　もっとも「生き続ける」ことについては，すでに見た公的年金が，また死ぬこと自体についても，公的年金の遺族年金，医療保険の葬祭料，労災保険の遺族給付などがあります。そのうえで，なぜ生命保険があるのでしょうか。

　一つの見方ないし説明としては，人の生命の値段というものを一律には決められない，ということがあります。実際に上記の公的な諸制度では一定の決め方がされているのですが，そこでの過不足は人によって異なるはずです。

　たとえばまったく親類がいない人にとっては，自分が死んだときの給付にはほとんど関心がないかもしれません。逆に家族がたくさんいる場合や，会社の経営をしている場合などは，自分が万一の場合には多くの資金を残しておく必要があるかもしれません。要するに，人それぞれなのです。

　生命保険は，実は本人の死亡自体の補塡（ほてん）ではありません。たとえば葬祭費用だけなら，大した額ではありません。そうではなく個々人によってまったく異なる（誰か・何かのための）必要水準に向けて，自ら保険金額を選んで，それに応じた保険料を払うのが適切だと考えられます。その意味で，民間保険の領域に置くのに適するといえます。もっとも実際に加入者が，そのように自覚的に保険金額を選んでいるかといえば疑問はあります。

〈生命保険の貯蓄性〉

　もう一つ，生命保険には貯蓄性があり，そこに日本人が多く加入し，また民間保険の領域になっている理由があるように思います。つまり日本人は，貯蓄という趣旨で生命保険に加入していることが多いのです。

　生命保険は，損害保険とは違って基本的に長期契約です。短期契約としても設計できるのですが，そうすると年齢が上がると保険料も高くなってしまうので，多くは保険料は若いうちは多めに積み立てておくという形（平準保険料方式）になっています。これは貯蓄自体ではないのですが（ですから自在に引き出したり多く払い込んだりはできません），結果的にはその間，運用されるので，老後に向けた「貯蓄的な」役割を果たすことになります。

かつての中心的な商品は養老保険と呼ばれ，満期保険金があるものでした。現在の中心的な商品は終身保険で，死ぬまで死亡保障をするものですが，ある程度の時点で解約することも可能です。その間に，保険料を運用しているわけです。それは貯蓄そのものではないものの，「貯蓄的」ではあり，その意味で個々人の財産的な位置づけがあり，民間保険に適する領域といえます。

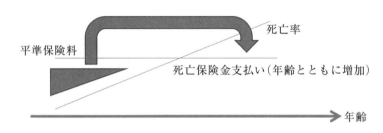

〈損害保険——なぜ民間保険なのか〉

　損害保険の種類は大変多様なのですが，火災保険をはじめ，自身の財産に保険をかける場合が身近なものでしょう。

　保有している財産は人それぞれであることからすると，民間保険の守備範囲に適するといえます。生命保険と同様の考え方で，失うと困るという財産等が多い場合は，たくさん保険を掛けるということです。

　物を落としたり，盗まれたりしても，公的には補償されません。これに備えて個々人の判断で，（民間）保険を利用するということになります。

　実際，たとえば自然災害の時に，それによって失われた財産をもし公的に補償するとなれば，多くの財産を持っている富裕層が（税金等から）多くの補償を受けるということになり，納得しづらいものがあるでしょう。損害が発生した時，その原因となった（あるいは防止すべき）主体に賠償を求める余地はあり得ますが，「それを問わずに」迅速・確実に補償するということでもあります。

〈賠償責任保険〉

　また損害保険では，自動車事故の際の賠償責任をカバーする自動車保険（自賠責）も身近でしょう。これは事故を起こした場合，加害者に賠償資力がないと困るので，それを保険でカバーするものです。

　それは個々人のニーズという話ではないので，むしろ一律に強制すべき話でもあります。ただ，自動車を運転する場合に限られることから，国民全員に保険に加入してもらうというのではなく，保険でカバーされていない自動車を運行の用に供してはいけないという形になっています（自動車損害賠償保障法）。

〈第三分野——傷害保険等〉

　第三分野の代表的な商品は傷害保険（および特約）です。これは不慮の事故の際の人身損害（ケガ）を保障するものです。人間はしばしば病気にはなりますが，事故に遭うことはそんなに多くないのです。病気が体の「中」の問題とすると，事故は「外」から，しかも突然くるので，「不幸な感じ」も強いのです（ウィルス等は「外」から来ますが，それに「中」が反応して病気になるわけです）。もっとも「不慮の事故」は通常，外来性・偶然性・急激性の3つが要件とされますが，実際にはその境界の判定は微妙です。

　他方，発生確率は低いことから，比較的安い保険料で事故の際の保障を手厚くできます（不慮の事故は，死因順位では7位で年間4万人（2019年）です）。病気と異なり，事故は誰かに明確に責任がある場合もあり，誰にも責任がない自然災害もあり，その中間的な場合もありますが，保険によってまず被害への救済が可能になります。

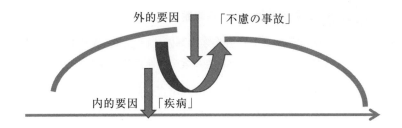

　なお個々の商品で異なるのですが，第三分野商品では実際的には公的制度の補完という性格が強くなっています。つまり「公的な制度では財政制約から，十分な給付をできない」という身もふたもない事情に応じて，民間保険会社が商品を揃えているという性格があります。公的制度の変更により商品の位置づけが不安定でもあり，それは必ずしも望ましい事態でもないでしょう。

◆政策的対応に向けたヒント──税制優遇，金持ち優遇

　本来，すべての人にとって必要な保障であれば，全員加入で運営すべきです。しかし公的な制度では，基本的には全員に公平な内容で，一律に設計する必要があります。他方，各人によってリスク対応にかかる固有のニーズは区々です。たとえば家族を扶養していなければ，遺族年金ニーズは当座ありません。

　すると，各人固有のリスク対応へのニーズを公的に支援しようとすれば，（公的な制度内でそれに応えられなければ）民間保険の加入によることとしつつ，それを税制優遇するという方法が浮上します。

　逆に，皆に同じようなニーズがあるけれども，公的な財政制約があるので，一定以上は民間保険で，という場合には，そこで税制優遇をつけるのは必ずしも適切ではないでしょう。それでは民間保険に加入できる人だけが，税制優遇を活用することになり，いわゆる金持ち優遇になりかねません。

　公的保障に財政的な制約があるときに，せめて税制優遇をということであれば，自助努力支援という意味で一定の評価はできるように思えます。しかし税制優遇ということは，実質減税するということであり，その分の「財源はある」ということになります。公的保障には財政的な制約があるといいながら，そのように財源を税制優遇の方に回すことでよいかは精査を要するでしょう。

BOOKSHELF　　**社会問題を考える本棚**

・長沼建一郎『図解テキスト社会保険の基礎』（弘文堂，2015年）は，民間保険のモデルをベースとして，社会保険の各制度を分析したものです。

・これも自著ですが，長沼建一郎『個人年金保険の研究』（法律文化社，2015年）は，個人年金保険商品に即して，長生きリスクや終身年金について分析したものです。

・民間保険が登場する小説は，夏目漱石『吾輩は猫である』から筒井康隆『脱走と追跡のサンバ』まで，冒頭に掲げたものも含めてたくさんありますが，安部公房「耳の値段」『R62号の発明・鉛の卵』（新潮文庫）所収は傷害保険のリアルな内容にかかわる短編小説です。

PATHWAY〔社会問題への小径〕——生命保険会社ばかりが破綻した

　数多くの生命保険会社が，2000年前後に破綻しました。現在のカタカナ名の生命保険会社の多くは，それを外資系が買収したものです。

　その頃，民間保険会社の中で，損害保険会社はほとんど破綻しませんでした。なぜそういう違いが生じたかというと，すでにみたように生命保険会社は長期保険を販売するので，資産運用が必然的に伴うからです。そこで運営環境が低金利で悪化したため，思うように運用できなかったのです。

　損害保険会社は短期保険が主なので，資産運用のウェイトは大きくありません。ですから生命保険会社ばかりが破綻したわけです。

　技術的にいえば約束した予定利率で運用できなくなったので，資金が不足してしまったということです。いわば約束内容を破るか，約束を守って会社は破綻するかという苦しい選択に追い込まれたわけです。予定利率引き下げという方法で，約束内容を若干修正しつつ，会社の破綻を防ごうとしたのですが，約束を変えようとしたことで契約者の反撥を招く一方，経営の破綻も避けられず，まさに「二兎を追う者は一兎をも得ず」になってしまいました。

〈保険会社ばかりではなく〉

　ちなみに当時，厚生年金基金（企業年金の一種）の多くがやはり資産運用できずに解散しました。誰がやってもうまくは乗り切れなかったのです。普通は資金量が大きいと有利に働くのですが，低金利に伴う運用難で，逆の目が出たというべきでしょう。もっとも銀行は公的資金で救済されました。

　そういうわけで，破綻したのはもっぱら生命保険会社だったのですが，他の業態も無傷だったわけではありません。都市銀行や損害保険会社でも，覚えきれないくらい長い名前の会社が多いのは，合併を繰り返したからです。

　1990年代までは，大手の都市銀行や保険会社は，財閥名を付した「○○銀行」，「○○生命」「○○海上・火災保険」という社名が多く，そういうところが就活でも大人気だったのですが，今ではほとんど残っていません。

　この本で使っている「時間モデル」は，長い目で見ると会社の消長にも妥当するのです。

AFTERWORD（余滴）── 保険と「掛け捨て」

われらみな　家財をはたいて 河に舟
われらみな　なけなしの命かかへて 河に舟

入沢康夫「夢の錆」†

　保険についてはそれ自体多様ですが，しかし貯蓄との違いとして，リスクが実現して保険支払事由（保険事故）が発生しなければ，支払われない（払い戻せない）という点は欠かせません。いわば「掛け捨て」になり得るということです（それで役割は果たしているので，それを「掛け捨て」というのは誤解を招きやすいのですが。また実際には日本では「貯蓄型」が好まれ，事故がなかった場合の満期保険金や祝金，無事故払い戻しなどに人気があります）。

　自分が給付をもらえなくても，「助けあい」になるから構わないはずだという説明もあり，それが妥当する場合もあるのですが，特に任意加入の場合にその考え方を押し付けるのは無理があります。

　それでも，あえてその表現を使えば「掛け捨て」になってもいいから，保険料を拠出しなければならないほど，リスク回避の必要性が切迫している場合に，政策的な支援（税制優遇など）に値するというべきでしょう。

　リスク回避の必要性が切迫しているというのは，リスクが実現すると，それが本人にとってのリアルな債務になるということと裏表です。たとえば生活費を払う，破損した物を直す・また買い求めるというような形で自分が債務を決済しなければならないということです。そのようにリアルな生活上の債務があることに対応しているのが保険だといえます（保険とそれ以外（特にデリバティブ）の差については議論がありますが，筆者はそこに分水嶺を見ます）。

　日本人は「保険好き」といわれますが，その内実は「貯蓄好き」で，同時に「掛け捨て嫌い」でもあります。掛け捨てになる「リスク」を承知で，より心配な生活リスクに備えて「なけなしの」金を払い込んでおくこと，いいかえれば「身を切る」戦略，「捨て身の」戦略を取らざるを得ないこと，そこにこそ政策的に支援する契機があるというべきでしょう。

† 入沢康夫『夢の佐比』（書肆山田，1989 年）

13 人口減少と児童手当
── 出生率，少子化対策──

● われわれは多すぎるのか，少なすぎるのか ●

フロントストーリー

　世界でもっとも出生率の高い地域はどこだろうか。アフリカ諸国を別にすれば，パレスチナがそのひとつだ。

　イスラエルの爆撃と虐殺によって子供たちを次々と殺されていくこの国では，母親たちは子供を産み人口を増やすことが戦いだと信じている。

　自分たちは日本ほど平和でも豊かでもないが，パレスチナに生まれたことを幸せだと子供たちに教えている。

　わたしは 12 年前，自爆攻撃がもっとも盛んだった時期にしばしばパレスチナを訪れたが，家族の絆の強さに驚いたものだった。信じられるものは家族と両親，そして自分たちの子供だけであるという限界状況のなかで，彼らはわたしを歓待してくれた。

† 四方田犬彦『世界の凋落を見つめて』より

2009 年頃から日本はついに人口減少に転じました。

　人口が減るということには，本質的な恐怖感があります。この延長線上で，日本人がいなくなるのではないかという不安があおられ，絶滅への一里塚という感じがするのです。

　なぜ人口が減少するのでしょうか。パレスチナのように爆撃や虐殺のせいではありません。日本では何しろ平均寿命は世界最高の水準で延び続けているし，乳児死亡率も世界的に低い中では，もっぱら出生率が低く推移していることが人口減少の理由です。

　話は日本社会そのものの存続にかかわるだけに，そこに政策が対応せずにどうするといわれる一方，そもそも政策が介入する話ではないということもつねにいわれます。そんな人口減少と出生率が，このパートのテーマです。

† 四方田犬彦『世界の凋落を見つめて クロニクル 2011-2020』（集英社新書，2021 年）

◆ 問題の所在──それは「問題」なのか，どこに問題があるのか

人口減少は，果たして「問題」なのでしょうか。

そもそも日本は国土も狭いのだから，人口が減っても構わない，むしろゆったり暮らせるからいいではないかという指摘はあります。

世界規模で見れば，人口爆発とそれに伴う食料不足で困っているのは事実です。国内にしても，地方では過疎，都市には人口が集中し，もっぱらその偏在問題だともいえます。さらに人口が減った方が，交通ラッシュや受験競争，就活や出世争いなどが緩和され，環境的な視点からもいいような気もします。

それぞれの指摘はそのとおりなのですが，いくつか別の論点が対峙します。

〈社会的な問題としての契機〉

人口が少なくなること自体，経済という観点からは深刻な問題です。マーケットそのものの縮小を示すからです。

経済成長は，労働力，資本，生産性向上による付加価値の上昇により決まってきます。人口が減るということは，働く人も減り，マーケットも小さくなるということですから，それ自体，経済にはマイナスの影響があります。

「経済が縮小する」といっても抽象的で，実感を持ちづらいかもしれませんが，店もなくなり，人もいなくなりということです。どこもシャッター街になり，活気がなくなり，それは「ゆったり」という感じとはかなり違います。

たとえば交通ラッシュの緩和が期待されるかもしれませんが，人口自体が減ると，むしろ交通の便数自体が減ったり，あるいは路線自体が廃止されたりするのです。就活や受験の競争が緩和されるかといえば，むしろその就職先や入学先自体が減ってしまうのです。

それともう一つの問題は，人口が減少するスピードです。これが早いことが，あとでみるように政策にかかる固有の問題となります。

ところがこの問題への政策的な対応は，難しい性格を持ちます。出産というパーソナルな事柄に直接関わることから，「産めよ増やせよ」ではないかという批判に必ず直面するからです。このパートではそれらについて，とくに児童手当制度を中心に見ていきたいと思います。

◆モデルによる分析・検討

〈空間モデルによる理解〉

　日本では平均寿命は延びていますから，現在の人口減少は，もっぱら出生率の低下によるものです。これを空間モデルにあてはめると，出生率が多少上下するくらいではなく，ある程度の幅を超えて継続的に低い数値を示すと，人口減少を引き起こすのです（逆の場合に人口爆発になります）。

人口減少　　　　　　　　　　　　　　　　　　　人口爆発

　一つの基準となるのが，約2.1という合計特殊出生率（TFR）の数値であり，人口置き換え水準といわれます。1人の女性が約2.1人の子どもを産めば，人口が維持されるという意味あいです。ちなみにこれが「ちょうど2」では足りないのは，男女数の偏りと，成年になる前の死亡があるためです。

　出生率の問題が急速に社会的に意識されたのは，1990年のいわゆる1.57ショックを契機とします。これは前年（1989年（平成元年））の合計特殊出生率が1.57で，それまでの最低値だった「ひのえうま」の1966年（昭和41年）の1.58を下回ったことが判明したときの衝撃を指します。

TERMINOLOGY　豆知識　合計特殊出生率／完結出生児数

　出生率としては，人口千対の数値（普通出生率）があるのですが，近時はもっぱら合計特殊出生率（total fertility rate）が注目されています。これは一生の間に女性が何人子どもを産むかをあらわす数値といわれますが，実際には15-49歳の女性の各年齢の出生率を合計・平均したもので，いわば代理指標です。

　実は本当に一人の女性が何人産むかを追跡した統計は別にあり，完結出生児数といいます（2015年の数値は1.94でした）。ただしこれは少数の標本（追跡）調査であり，しかもかなり以前に結婚した層の，過去（これまで）の実績数値ということになります。

〈時間モデルによる理解〉

　他方，時間モデルで考えると，大局的・長期的にいえば，どのみち人口は増加しても，やがては収束するともいわれます。

　社会学者の見田宗介（たとえば『現代社会はどこに向かうのか』（岩波新書，2018年））によれば，人口はS字型の曲線を描いた後に減少していくもので（修正ロジスティック曲線），世界的にも人口はすでにそのプラトー（高原）に達しつつあるといいます。【タテ軸は人口水準です。】

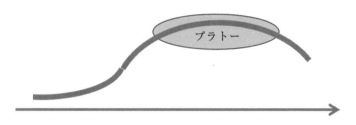

　しかし日本での問題は，その減少のスピードです。すなわち急速に少子化が進む中で人口減少すると，高齢者を支え切れないことが出てくるのです。よくいわれる「現役世代何人で高齢者1人を支えるか」という話です。

　仮に静態的に人口が少ない状態は容認できる（場合によっては望ましい）としても，そこまでいく過程・途中こそが問題なのです。そこで人口の急速な減少を抑え，スピードダウンさせるために，出生率対策が求められるわけです。

　他方，その点に限ってみれば，やや異なる見方もできます。すなわち単に人口構造のバランスが悪いだけであれば，「実際に支える人」を増やして，「実際に支えられる側の人」を増えないようにすればいいともいえます。

　具体的には「元気な高齢者」には働いてもらって，税金や社会保険料も払ってもらう，また女性の就労もより促進するという方向です。そのことによって，財政的には高齢者を「支えやすく」なります。

　もっとも，そこまで国を挙げて「総動員で働く」ことへの疑問もあり得ます。また実質的な経済成長が伴わないと，必要な雇用の総量は増えずに，それを多くの人数でシェアするだけで（それ自体に意味はあると思いますが），実質的に「支える側の力」の総量は変わらない可能性もあります。さらには経済成長自体への疑問もあり得ます（➡ **14. 仕事と市場，15. 賃金労働と雇用社会**）。

〈政策対応の経緯〉

　出生率低下の原因については，晩婚化，未婚化，子育てコスト，ライフスタイルの変化など多々指摘されており，一筋縄ではいきません。

　このような状況で，日本の現行の法政策は，直接的な出生率引き上げ施策には及び腰です。それは自己決定への介入になりかねないからであり，戦前の「産めよ増やせよ」に戻るのかとの批判をすぐに浴びるからです。

　その中では，いわば搦（から）め手からの諸施策が並んでいます。すなわち少子化社会対策基本法では，基本的施策として，雇用環境の整備，保育サービスの充実，子育て支援体制の整備，母子保健医療体制の充実，ゆとりのある教育の推進，生活環境の整備，経済的負担の軽減等々が，いわばフラットに並んでいます。

　これらの政策の特徴は，個人の自己決定がかかわる出生率への直接的な施策は打てない中で，いわばその障壁を除去するタイプの施策だということです。

　特に近時の女性就労の一般化を受けて，いわゆる就労と育児の両立施策が大きく位置付けられており，これは実際に有効な施策だと考えられます。

　その中でも育児休業は制度自体も，その間の雇用保険からの給付も急速に拡充されてきました（独自の保険料率が設定され，休業開始前賃金の50%（最初の半年は67%）が子どもが1歳（要件を満たせば2歳）になるまで支給されます）。

　ただ諸施策には，いま一つ不確実な要素が付きまとう面が否定できません。たとえば保育所については定員があり，そのときに実際に利用できるかどうかが確実ではありません。育児休業は，復職後の仕事に不安が残ります。昇進が遅れるとの危惧もあるかもしれません。

〈現金給付の位置づけ〉

　そうなると結局のところ，そこそこ確実性がある支援としては，現金給付が浮上します。実際問題として，人口過疎に悩む自治体が切り札とするのは，出産祝い金に代表されるような現金給付なのです。

　それは国のレベルでは児童手当（child allowance）ということになり，ヨーロッパでは伝統的に重要な給付とされてきたものです。「出生率低下はお金の問題ではない」との指摘は強いのですが，諸調査では「理想子ども数と実際の子ども数との乖離（かいり）」の原因として経済的要因が多く挙げられるのも事実です。

いずれにせよ現金給付というのは，シンプルで分かりやすく・見えやすく，子育て世帯に対して確実にプラスになるものだといえ，この単純明快さは意外に強いものがあります。財源問題を別にすれば，その政策によって誰も損することがないという，経済学でいう「パレート改善」が実現できるのです。

たとえば税制においても，扶養控除の仕組みによって子育て世帯への支援は可能です。しかしそこでの効果は「税金が安くなる」という，いわば「マイナスが緩和される」性格のものです。それだって金銭的な効果は大きいのですが，いまひとつ「直接のプラス」と比べると迂遠なところがあります。

そのほかにも，逆に結婚しない場合や，結婚しても子どもがいない場合と比べて，子どものいる世帯を税制や社会保険料の扱いで優遇することは考えられるのですが，やはり迂遠なところがあるのに加えて，子どものいない世帯への「サンクション」という性格が出てきて，批判の的になりやすいのです。

〈現行の児童手当制度〉

子育て世帯に直接金銭を給付する施策が，児童手当です。この児童手当については，民主党政権（2009-2012）のもとで「子ども手当」として拡充され，自公政権で再び「児童手当」となりました。

現在では，支給対象児童1人あたりの月額は以下の通りです。

　　0歳～3歳未満 15,000円（一律）

　　3歳～小学校修了前 10,000円（第3子以降は 15,000円）

　　中学生 10,000円（一律）

　　（別途，所得制限の限度額以上の場合の特例給付がある）

もっとも児童手当法には，出産奨励という趣旨は謳われていません。他の諸施策とあわせて子育て世帯への経済的支援という趣旨です。

財源としては，税金に加えて事業主拠出金も入っています。いわば社会保険で従業員と折半する事業主負担分だけがあるようなもので，その意味では社会保険である労災保険に似ているともいえます（➡ 16. 職場環境と労働条件）。しかし保険料の拠出に基づいて受給権が発生するわけではないので，制度の改変は比較的容易なこともあり，この児童手当は制度改正され続けています。それは財源と並んで，制度設計に関して以下のような議論や論点があるからです。

〈制度設計の諸相——全部が論点〉

児童手当の制度設計に関しては，以下のような時間モデル（加えて親の所得）に即して，様々な論点で意見が錯綜しています。

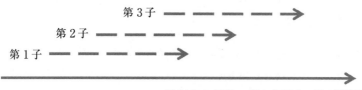

子どもの年齢・親の年齢（・親の所得）

(ア)　支給対象年齢——何歳までの子どもを対象に支給すべきか

A　成人するまで，ずっと支給すべき

B　生まれた直後に集中すべき

C　お金も手もかかる学校に上がるまでの間

D　むしろ学校に入ってからお金がかかる

これについて，制度は激しく転変してきました。すなわち支給期間は長くなったり，短くなったりしましたが（3歳までに限定していた時期もあります），現在のところ中学校修了前まで，つまりだいたい15歳までとなっています。

乳幼児に限定するわけではないし，成人までというところには届かず，そこそこというところです。実際問題としては，年功序列賃金のもとで若い親が低い所得である間の所得保障という意味合いでもあるでしょう。そのなかで現在，3歳までの間は，それ以降よりも高い額が支給されています（3歳未満が15,000円，3歳以上が10,000円。ただし(イ)の例外があります）。乳幼児の時期に若干ウェイトを置いているものといえます。

(イ)　出生順位——何人目の子どもを対象に支給するべきか

A　すべての子どもを対象とすべき

B　人口が減ることが問題なのだから，2人目から支給するべき

C　子どもを作らないか，生涯独身が問題なので，1人目から

D　もともとは多子貧困対策。3人目や4人目が大事

確かに制度発足時は第3子以降が対象だったのですが，その後，制度は激しく変遷し，現在のところ第1子から支給されますが，第3子以降は，3歳から小学生までの間，第1子・第2子（10,000円）より高い金額（15,000円）が支給されています。つまり幅広く対象としつつ，かつての多子貧困の考え方が，少し残っているものといえます。

　(ｳ)　所得制限——支給する対象の世帯の所得を勘案すべきか
　　　A　すべての世帯を対象とすべき
　　　B　低所得の世帯に集中的に支給するべき
　　　C　なるべく皆に支給することにして，富裕層だけ外すべき
　　　D　そこそこの線で区切るべき

　これが社会保険であれば，あらかじめ保険料を払っていた人には，保険給付の支払事由が発生した以上は金持ちだろうと何だろうと支給する必要があります。しかし児童手当では，そういう風にあらかじめ保険料を払っていたわけではないので，支給対象を限定することも可能です。逆に財源の多くを税金に依拠しているので，全員を対象にすると「金持ちにまで支給する必要があるのか」という批判が出やすいのです。もっともそれに対しては，「税金も沢山納めている高所得者だけを，なぜ除外するのか」という反論も出てきます。

　さまざまな経緯と議論を経て，現在は幅広く子育てを支援する観点から，「そこそこ高めの線」で区切ることになっていて（Dの意見に近いといえます），勤め人世帯では，たとえば扶養親族が3人の場合，年収約960万円〔2021年度〕を超えていなければ支給することになっています。

　これを「所得制限」といいます。経済政策で一時金を支給する際などに，所得制限はよく用いられる手法です（この基準を超える世帯にも「特例給付」として月額5,000円が支給されています。ただしさらに2021年に，年収1200万以上には支給しないことになりました）。

　このように児童手当制度については，各局面で意見は錯綜し，どの意見にも一定の説得力はあります。どの領域でもそういうことはあるのですが，実際にそれらの選択肢の間で何度も制度が変わってきているのが児童手当の特徴です。

◆**政策的対応に向けたヒント**── 人口減少と時間軸

　出生率をめぐる議論が紛糾する原因として，政策を考える時間軸が区々で，どの時点でのどういう状態を目指すかが入り混じっている点があります。

　とりわけ出生率を引き上げようとする政策は，遅効性があります。仮に政策が功を奏して，出生率が回復したとしても，それが生産年齢人口に寄与するのは，とても先の話なのです。移民政策以外は，気の長い話なのです。

　保育所不足は大問題ですが，出生数は減少している中で，女性就労の増加がいわばそれを上回っているために発生している現象であり，一時的なものともいえます。ですが，個々の子育て世帯にとってはリアルで喫緊の課題です。それらの時間軸と政策目的とを切り分けながら考えていくことが大切でしょう。

〈人口減少への向き合い方〉

　冒頭でもふれたように，そもそも人口減少をどうとらえるか自体は，改めて考える余地があります。人口が増えていくのがいいことかといえば，地球が有限である以上は問題含みだからです。特に先進国の人間は，1人あたりの資源の消費量も半端ではありません。

　旧約聖書の創世記で神のコトバとして「産めよ増やせよ」と書かれていることに，欧米はかなり基本的な次元で影響されているのかもしれません。領土の拡大から，文明圏の拡大，都市化・経済成長まで，一連の文脈で位置づけられるともいえます。国レベルでいえば，フランスがドイツに対抗するために出生率対策に力を入れてきたという話は有名です。

　他方，宗教学者の島薗進が指摘しているように，日本は古来，国土も狭いことから，むしろ人口が増えることが，必ずしもいいこととは思われてきませんでした。少ない人数で，慎ましく暮らすというのが一つの理想のあり方でもあったのです。かつては「間引き」も普通に行われてきました。

　日本もすっかり欧米化してそのスタイルに乗って経済成長してきた以上，今さら昔に戻れといってもムリかもしれませんが，再考の余地はあるでしょう。人類学者のレヴィ・ストロース（1908-2009）は，「世界は人間なしに始まったし，人間なしに終わるだろう」といっています。

〈いわゆる移民政策〉

なお出生率対策にかかる政策のタイプとしては,「事後」的な政策対応として,移民政策もあり得ます。今のところ人口減少問題については,「事前」の政策に議論が集中していますが,もう減少してしまった時点で考えれば,移民を入れるか入れないかの選択ということになります。

日本は単一民族で,しかも島国なので,大規模な移民については経験がないわけですが,もし現下の人口減少について,特に政策対応はおこなわない(介入すべき事柄ではない)と判断するなら,あわせて将来的に,移民政策も取らずにひたすら人口減少を甘受するかどうかも考えておく必要があるでしょう。

実際,すでに日本では多くの外国人労働者が,経済を支えています。いわゆる技能実習生や,それ以外の在留資格での就労もあり,それぞれいろいろ問題も発生しています。より仕事の中身に立ち入ってみると,いわゆる単純労働や日本人が就きたがらない仕事について,外国人労働者に頼る傾向があります。途上国の女性が先進国の再生産労働(家事・ケア労働)を補完・代替している面もあるのです(➡ 14. 仕事と市場)。

そのとき基本的な考え方として,「一時の手伝い」と考えるのか,ずっと日本に住んでもらうことを想定するのかによって,対応方向も異なります。さらに長期的には,そうやって途上国が順次テイク・オフして先進国の仲間入りをしていくという前提が,どこまで・いつまでとれるかも,本当は議論すべき点でしょう。

BOOKSHELF　社会問題を考える本棚

・広井良典『人口減少社会のデザイン』(東洋経済新報社,2019 年)は,人口減少を肯定的にとらえつつ,そこでの問題を幅広く扱っています。

・少子化問題についての本はたくさんありますが,赤川学『子どもが減って何が悪いか!』(ちくま新書,2004 年)は分かりやすく説明しています。

・川上弘美『猫を拾いに』(新潮文庫,2018 年)は,少子化により,すっかり人口が減った日本を描く未来短編小説です。

PATHWAY〔社会問題への小径〕──児童手当法改正の思い出

　筆者は若い頃（昭和から平成に代わる頃），厚生省（現在の厚生労働省）で児童手当の仕事に関わったことがあります。その大規模な制度改正のために，「猫も杓子も」（ついでに筆者のような野良犬？まで）駆り出されたのです。

　どういう改正かというと，児童手当を全廃するためというのが大方の見方で，児童手当の葬式チームなどといわれていました。なぜなら当時は老人問題が急務で，そちらにすべての予算等を注ぐ必要があると考えられていたのです。

　ところが筆者の上司だった児童手当課長の荻島國男（1943-1992。役所の内外に知られていた人です）がそのシナリオを完全に変えてしまいました。日夜，役所の内部や上層部を突き上げ，政財界やマスコミをたきつけて，「問題」を仕立てあげたのです。出生率の低下と児童手当のあり方が日本の重要な政策テーゼとして浮上し，「子どもの問題が大事だ」という社会の空気も醸成されました。

　かつては出生率といえば人口千対の数値が普通だったのですが，合計特殊出生率という奇妙な指標が注目されるようになったのも上記の時期からなのです。

　筆者自身は少し手伝っただけですが，自分が作った資料がテレビに映ったり，総理大臣の国会答弁書を清書したりするのは「若造」にとっては愉快なことでした。テレビの討論番組の前には，与野党双方が情報を入手しに来たものです。

〈当初の構想〉

　最初の荻島課長の構想は，被用者本人にも児童手当への拠出を求め，保育所利用者は対象から除外するという驚くべきもので，あわせて児童手当の財源を延長保育や学童保育にも役立てるという，当時はかなり挑戦的なものでした（局内でも激しい反対にあいました）。児童手当による現金給付と，保育やその他のサービス給付という2本立ての体系を前面に打ち出したものでもありました。

　結果として一定の制度改革がされましたが，その後も出生率対策と児童手当は重要な政策問題であり続けているのは周知のとおりです。

　優秀な官僚が，政策を主導していた時代でした。官僚が力を持ちすぎていた時代という見方もあるでしょう。残念ながら荻島課長は48歳で早世し，その後の政治主導の中で，官僚が果たす役割も小さくなりました。

AFTERWORD（余滴） —— 児童手当の右往左往

> 「われわれは多すぎるのか，少なすぎるのか」という形の人口問題は，随分前から立てられてきましたし，随分前から多様な法的解決を与えられてきました。
>
> ミシェル・フーコー †

　将来だれかが，ないしは海外の人が，日本の児童手当のことを調べたら，あまりにも制度が転変しているので呆れるのではないでしょうか。

　保険料の拠出を前提する社会保険と異なり，児童手当は税財源を主とすることから，制度を変更して，毎年の予算措置で給付額を増やすことも減らすことも（少なくとも社会保険と比べれば）容易です。

　そして実際に，日本の児童手当制度は猫の目のように転変してきました。特に政権交代（民主党政権⇔自公政権）の前後はそうでしたが，それ以外のときにも刻々と変わっていました。

　そもそも制度というものは，時代や状況に応じてどんどん変えるのがいいのでしょうか，それとも一度決めたらあまり変えないのがいいのでしょうか。

　もちろん抽象的な議論では水掛け論になるでしょう。一度決めたものを全く変えないのは頑迷固陋ですし，逆に一度決めたのに，すぐにまたガラッと変えてしまうのは朝令暮改です。ただ大雑把にいえば，その国の政策過程への信頼性というものは，一つの鍵でしょう。

　すなわちその時々の政策決定に，そこそこ信頼がおけるようであれば，時代や状況に応じて機動的に変更していくことが望ましいといえるでしょう。しかし逆に，その場の思い付きや人気取りのために政策が転変してしまうようでは，現場も事務も混乱するし，制度変更にかかるコストがかかるだけです。

　だから制度を変えるときには，いずれにせよ少なくとも歴史的な回顧（とりわけ過去にどんな失敗があったかの振り返り）が不可欠です。児童手当制度の歴史（その右往左往）は，この政策過程が日本では必ずしもうまく働かないことを示しているようにも思えます。

　† ミシェル・フーコー『同性愛と生存の美学』（哲学書房，1987 年）

14 仕事と市場

—— 経済成長，アンペイドワーク——

● 資本主義の花見酒をもう一杯 ●

フロントストーリー

　腕にナプキンをかけてボーイがやって来る。

「御用は？」

「あ，うん，コーヒーをくれないか。冷たいのを」

「おあいにくでございます。工場がここまで進出して来ました。マスターはすでに機械に巻き込まれたところです」

「一体，何の工場かね」

「機械を作る機械を作る機械の工場です」

「で一体何の機械が最後にできるんだ」

　ボーイは声をひそめる。「判りません。しかし私の聞き及びます所では，工場を拡張する機械だとか……」

　その時，機械の長いベルトがするすると伸びて来て，ボーイの首にまきつき，僕は壁におしつけられて，口を腹のすいたライオンのように大きく開ける。　　　　　入沢康夫「ランゲルハンス氏の島」より †

　「詩の不可能性」を追求した詩人・入沢康夫（1931-2018）の初期の作品です。

　ですがこれは人々が，薄々気づいていることかもしれません。一体私たちは，何のために何をやっているのか。市場経済は自転車操業のようなもので，止まると倒れてしまうので，必死に走り続けているだけなのではないかと。

　とりわけ今日，「仕事を作るための仕事」が多いように思います。それで賃金をもらえるなら構わないともいえますが，仕事のための仕事に巻き込まれて疲弊困憊する人間の姿は，悲劇というしかありません。

　経済人類学者のカール・ポラニー（1886-1964）は，資本主義を「悪魔の碾き臼」と呼びました。経済に人間が磨り潰されてしまうのでは，たまりません。そんな市場経済と，そこでの仕事のあり方がこのパートのテーマです。

　　　　　　　　　　　　　† 『入沢康夫詩集』（思潮社，1970 年）

◆ 問題の所在——それは「問題」なのか，どこに問題があるのか

子どものころ，21世紀になれば科学技術が進歩して，面倒な仕事はロボットがやってくれるというのが未来図でした。そうすれば人間はずいぶん楽になるだろうと思ったものです。

実際というか想像した以上に機械化は進み，何でも機械がやってくれるようになりました。生活は著しく豊かになりました。

しかし私たちは相変わらず，あるいは以前よりもっと忙しく働いています。本当にこんなにも仕事が必要で，また人間が働くことが必要なのでしょうか。

〈社会的な問題の契機〉

女性活躍とか，元気な高齢者は働いてとかいわれます。それは結局，経済を回すということであるし，より直截には収入を得て，それをもとに消費し，税金や社会保障料を納め，社会を支える側に回るということでもあります。

したがって，そこで「働く」というのは，市場労働です。資本主義・市場経済の中で，収入が得られる賃金労働に限られるわけです。

たとえば育児とか家事労働を必死にやっていても，誰も賃金を払ってくれません。それどころかそういう育児や介護を理由に，賃金労働に従事できないとして生活保護を申請しても，認められるケースは少ないでしょう。しかしなぜそこまで賃金労働が「特権的な地位」にあるのでしょうか。

また逆に，何が市場にフィットして賃金労働となるかは，時代によっても国によっても大きく異なり，ある意味では偶然の事情によって決まります。本人がそれにフィットするかどうかも，本人の努力とは必ずしも一致しません。

いずれにせよ市場経済が，真ん中にあって高速で自転していて，それに人間が振り回されて，必死に働いているというイメージが浮かびます。カール・ポラニーは『大転換』の中で，本来は市場取引の対象とすべきでなかった「人（労働），土地，金銭」までも取引対象にしてしまったことが，問題を加速化したと指摘しています。

このパートではそれらについて，労働の種類に焦点を当てながら見ていくとともに，経済成長と資本主義についても考えてみたいと思います。

◆ モデルによる分析・検討

〈空間モデルによる理解〉

　ここでは労働の多様な形態のうちで，市場（賃金）労働と，それ以外の労働（アンペイドワーク）について，空間モデルにあてはめてみましょう。

　賃金労働に含まれる（包摂される）ものと，それ以外については，ある意味では偶然の事情で振り分けられていることがあります。

家庭内労働　　　　　市場（賃金）労働　　　その他のアンペイドワーク

　たとえばボランティア活動を考えると，それは賃金労働ではありませんが，災害復興にせよ，福祉関係の仕事にせよ，同じことは賃金労働としても行われています。だからこそ，あえてボランティアと呼ぶことも多いかもしれません。

　またいわゆるケアに関わる仕事や家事を考えると，すでにふれたように自分の家族を対象に行っても賃金労働にはなりませんが，自分の家族以外を対象にすれば，賃金労働となり得ます。それは介護労働に関して，介護保険創設時に激しく争われた点でもあります。賃金労働かそうでないかは，かなりあいまいに決まることがあるのです。

　逆に賃金労働であるはずなのに，無償になっているケースもあります。典型的にはサービス残業ですが，質的な面でも「名ばかり店長」のように，責任だけが重いというケースもあるでしょう。

　それでも出産や育児，ケア全般は，いわば人間を再生産する活動であり，これがないと社会がなくなってしまう重要な仕事ということもできます（ですからこれらを再生産労働と呼ぶことがあります）。しかし家庭内でのこれらの事柄自体は，基本的に市場（賃金）労働とはなり得ません（そのことからシャドウワークともいわれます。ただし極端な例ですが，代理母とか精子バンクへの精子提供などについては，報酬を得る手段になり得ます➡ 6. 家族と婚姻）。

〈男性の労働，女性の労働〉

　ところで専業主婦をはじめとする一定数の女性は，軸足を市場労働以外のところに置いています。生活の中で，ごく一部の時間に市場労働にも参加していて，それがパートタイム労働・非正規労働だという見方が可能です。

　これに対して多くの男性は，もっぱら市場労働に軸足を置いていて，逆に家庭生活にはごく一部だけ参加しているともみられます。だから休日には家で邪魔にされたり，子どもから「お父さん」と認知されなかったりするわけですが，給料をもって帰ってくるので，かろうじて役割が認知されているともいえます。

　そういう役割分担ともいえますが，どちらにとってもあまり居心地の良いものとはいえないでしょう。それでも市場経済の中では，すでにみたように賃金労働だけがもっぱら幅を利かせているのが現状です。

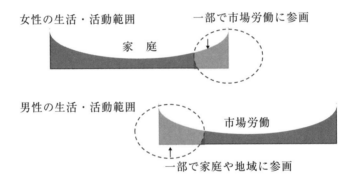

　しかもこの時，このいわば「賃金労働の帝国」は，実はそれ以外の様々なアンペイドワークに依拠しています。「寄生」しているといってもいいかもしれません。たとえば勤め人の専業主婦の「内助の功」というのがその典型でしょう。

　先進国の経済や生活が，途上国の安い労働力と，地球資源の乱獲に依拠しているのと同じように，今日の豊かさは賃金労働自体が生み出したというよりは，これらのアンペイドワークに「寄生」して可能になっているともいえます。

　この点からは，家事労働の経済的評価が行われたりしていますが，金銭評価してみるだけでは事態が変わらないところもあり，また逆に共働き世帯であっても，家事をすべて外部化しているわけではない点には留意すべきでしょう。

〈賃金労働の内実〉

　ここまで「賃金労働と，それ以外のアンペイドワーク」という角度からみてきました。ですが現在，賃金労働として位置づけられている仕事の中にも，意味に乏しいと思われるものも含めていろいろなものがあります。

　それらも市場の論理によっては是認されるものです。市場において一定の需要があり，それにもとづいて供給が産業として成立して，雇用が生まれ，賃金労働にもとづく生き方が可能になっているのです（➡ **15. 賃金労働と雇用社会**）。

　それでもそういうメカニズムに「すべての仕事」を含めてよいかは議論の余地があるでしょう。端的には違法薬物の売買，振り込め詐欺をはじめ，需要と供給があるとしても，社会的に認められない仕事はいろいろあります。そしてその微妙な「際」のところにも様々な（危うい・怪しげな）仕事があります。

〈ブルシット・ジョブ〉

　これらに関して人類学者のデヴィッド・グレーバー（1961-2020）が「クソ仕事」（bullshit-job）という議論を展開して話題になりました。それは現代社会で多くの人は，自分でも本当は要らないんじゃないかと思っている仕事に従事しているという話です。自分自身の仕事の社会的な意義に，懐疑的だというのです（グレーバー『ブルシット・ジョブ』（岩波書店，2020年）等）。特筆すべきは，世間的には「高度な・専門的な」仕事に就いている人たちが，自分の仕事を「クソ仕事」だと思っているという点です。

　たとえば企業買収の専門家，広報調査員，テレマーケター，リーガルコンサルタントというような有給の専門家が消え去ったとして，どんな影響があるのかよく分からないとグレーバーはいいます。無論関係者にとっては死活問題でしょうが，特定の企業の活動に支障が生じても，社会全体にとっては大した問題ではありません。代わりの役割を果たす企業や専門家も出てくるでしょう。

　逆にたとえば看護師やバスの運転手，ゴミ収集人，整備工，教師や港湾労働者が消えてしまったら，その結果は壊滅的なものとなるとグレーバーはいいます。仮に誰でもできる仕事であったとしても，1日が終わった時には，確実に人々の役に立っているというのです。さらに作家やミュージシャンがいなくなったら，世界は確実につまらなくなると加えているのも面白いところです。

この議論の興味深い点は，通常むしろ高等な知的労働といわれているものの価値を逆転させているところでしょう。逆に，ある種の単純作業や繰り返しの労働であっても，人の役に立っているというところに価値を見出して，また本人としても満足度が高いと指摘しているところです。

〈エッセンシャルワーカー〉

コロナ禍においては，エッセンシャルワーカーという言い方がされるようになりました。人々の日々の生存・生活のために不可欠な仕事という趣旨です。これらの仕事は，上記のいわゆる「クソ仕事」とは対照的なものといえます。

もっともその線引きは厄介です。たとえば食べ物に関わる産業は大事ですが，そうであれば，それを運送する仕事，流通させる仕事，保管する仕事も大事，そこに資金を供給する仕事も大事だという風に，どんどん広がっていきます。

加えて，「クソ仕事」にとってのエッセンシャルワークというべきものがある点には留意を要します。飲食関係はもちろん，たとえば交通や清掃などのサービスにしても，むしろ「クソ仕事」に大いに付随して行われています。

他方コロナ禍では，仕事の区分けをめぐって，芸術は不要不急なのかとか，風俗業を補助金の対象から除外するのは職業差別ではないかとか，いろいろな議論が惹起されました。

〈ケインズと花見酒〉

現在の雇用保険や生活保護制度も全体として，離職したら，とにかく再就職することを志向しています。社会的な意義云々に関わらず，とにかく働くのが「よいこと」だと位置づけているものともいえます。そうやって皆で「経済を回していく」こと自体が，本人にとっても社会にとっても意味があるという考え方ともいえるでしょう。

しかし見方によっては，それは落語の「花見酒」のようなものではないかとの疑問があります。ケインズの議論（有効需要論・乗数効果論）からすると，仕事の中身にかかわらず，たとえば誰も使わない空港や音楽ホールの建設でも，経済（成長）自体には資することが期待できます。しかしその裏側では環境や人間が，「資本主義の碾き臼」に砕かれている可能性があります。

〈経済成長への見方〉

　これらの議論は結局，経済成長（ないし資本主義経済）は永続的なのか（有限か無限か）という話につながってくるように思います。

　現在のところ，資本主義に代わる体制がすぐに出てくるとは思えませんし，政策的にもいかにして経済成長を持続するかという話になっています。しかし資本主義への批判，経済成長至上主義への批判も多く語られています（たとえば「定常型社会」の提唱など）。

　この点，経済成長には，いつかは限界ないし頭打ちが来るというべきでしょう。少なくとも地球の資源は有限ですから，やがては使い果たします。特に途上国の人たちが，先進国と同じようなやり方で豊かさを実現しようとすれば，たちまち資源は枯渇するでしょう。あるいは温暖化がこれ以上進めば，地球は住みづらい星になるでしょう。現在はもっぱら人間が地球環境を変えようとしています（「人新世」と呼ばれます）。

　その前の段階でも，経済成長に比例して豊かさや幸福が増大するかといえば，必ずしもそうはならずに「ぶれ（volatility）」があらわれ，やがて頭打ちになると考えられます（個人単位でも同じことがいえるでしょう）。

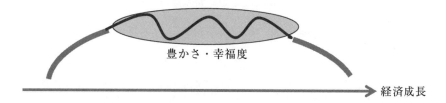

豊かさ・幸福度

経済成長

　そのような構図の中で，できることがあるとすれば，一つには資源消費のスピードを遅くすることでしょう。たとえば同じ生活の豊かさといっても，物質的なものから精神的な豊かさに重点を移すことには意味があると思われます。

　それでは抜本的な解決にならないともいえますが，人の一生と同様に，地球文明もどこかで終焉を迎えると考えるのが現実的です，そのことを踏まえれば，個々の人生と同様に，地球文明もむしろ有限だからこそ意味があるとも考えられます。そしてそのプロセスを（その「着地」の仕方も含めて）なるべく充実させるというのは，努力に値する事柄でしょう。

〈グローバル化と金融，IT〉

　貨幣とは何かについては，マルクスをはじめとして膨大な議論がありますが，やはり手段としてのお金が転倒して「主役」になっている点に問題があるといえます。そこでは信用が創造され，将来決済されるという信用が次々に価値を生んでいくのですが，それはその決済を永遠に先延ばしするという「からくり」の産物でもあります。ですが，それらに極端に加速度をつけたのは，20世紀末からのグローバル化と，そこでの金融のあり方であったように思います。

　金融は本来，必要なところに資金を提供する仕組みです。しかしカネでカネを買うというような，典型的にはカラ売り・先物取引あるいは為替取引のようなことが大規模に行われるようになると，実物経済から離れてそれ自体がゲームのように過熱していきました。いわゆる証券化がこれを後押しして，IT技術がこれを支え，国境を越えてゲームは拡大しました。土地も大いに投機の対象になり，そのことでリーマンショック（2008年）も引き起こされました。

　グローバル化には，よい面も沢山あります。国境はしょせん人為的な産物ですから，それに閉じこもること自体に意味はありません。しかしこれとマネーゲームが重なることで，資本主義経済がオーバーヒートして，まさに「悪魔の碾き臼」として人間をボロボロになるまで噛み砕いてしまうのです。

TERMINOLOGY　豆知識　*ウィンウィン／ゼロサム*

　双方にとって利益になるという意味で，「ウィンウィンの関係」という言葉が使われます。外交交渉でも一つの目標とされますし，もともと近代経済学の発想はそういうものです（市場を通じた余剰の最大化が目標となります。）

　しかし世界は（あるいは地球は）閉鎖系だとすれば，基本的にゼロサム社会であるはずで，部分的にウィンウィン（すなわちプラスサム）の結果が達成されたように見えても，どこかに「しわ寄せ」がいっていると考えた方がいいように思います。それは環境破壊であったり，労働を通じた人間の搾取であったりするわけです。経済成長についても，プラスだけでは済まないはずです。

　その意味では人間の効用・幸福に関する功利主義思想についても，同様に無理があるはずなのですが，ただ人間の福利自体は，その死で必ず「決済」されることになっています（時間モデルで最後には「着地」するのです）。

◆政策的対応に向けたヒント──賃金労働の射程

これらを踏まえた政策的な対応としては，資本主義経済のオーバーヒートに歯止めをかけて（あるいはスローダウンして）人間を守るために，賃金労働と，それ以外の労働とのバランスを社会全体の中でとることが求められるでしょう。

そこでは一つには賃金労働以外の労働を，あえて市場化していくことが考えられます【方向①】。賃金労働の「幅を広げる」ことを目指すわけです。

たとえばケア労働の有償化です。実際に介護サービスについては，介護保険を通じて「準市場」が作られました。これによって問題も発生していますが，サービスの供給が飛躍的に増えたことは間違いありません（➡ **5. 認知症と介護**）。

逆に賃金労働の「中」に，それ以外の要素を組み入れていく方向もあり得ます【方向②】。賃金労働自体を薄める（希釈化する）ことを目指すわけです。

たとえば育児休業・介護休業に加えて，その他の家族や地域社会のために費やす時間を，週末や年末年始の休みなどと同様に「当然の事柄」として賃金労働の中に組み込む工夫をしていくことが考えられます。リモートワークも通勤時間対策として有用でしょうし，週休を増やすこともあり得るでしょう。

幅を広げるか【方向①】　　　　　　　　組み入れるか【方向②】

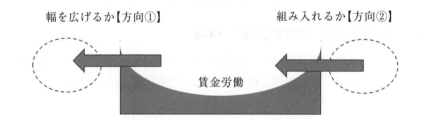

賃金労働

もう一つの検討点は，賃金労働の中でのウェイトの置き方です。

特にコロナ禍では，特定の業種への対応がいろいろ取り沙汰され，そこではどの職業も差別すべきではないというような意見もありました。

しかし規制においてもそうですが，特に税制や補助金などにおいて，業種によって取扱いに差をつけるのは政策的にはごく一般的な手法です。その意味では，たとえばケア産業が社会的に重要だとすれば，税制等において，より正面から優遇することがあっていいように思います（➡ **15. 賃金労働と雇用社会**）。

〈将来と当面の諸要因〉

　いずれにせよ基本的には，資本主義経済のスピードダウンを目指すべきであるように思います。かつて 20 世紀終盤に，高度成長から公害対策に軸足を移したように，ここでも軌道修正は可能なはずです。

　とはいえ当面は，世界は経済成長至上主義で行くことが考えられます。それは一つには途上国では人口増加が続き，まだ経済成長の余地が大きいからです。そして石油資源も直ちには枯渇せず，他のエネルギー源もあります。

　これらを梃子（てこ）とすると，世界経済はまだ当分，成長の余地がありますし，それを追求する形で推移するでしょう。その中では各国では国際競争力の確保・強化が重要になります（少しのコスト差で市場シェアが左右されるからです）から，それに向けた政策（法人税を低く抑える方向）や課税逃れが続き，逆にいうと労働力はその手段として位置づけられることが続くおそれがあります。

　他方，日本国内に限っていうと，人口減少に伴う人手不足は，インパクトが大きいはずです。機械化，ロボットや AI 化もあわせて，人間を配置するのはむしろそれが不可欠なところに集中していくことが考えられます。それがうまくいけば，ワークシェアリング的に，人間の労働力を大切に使う方向への転換も期待できますし，それに資する政策を考えていくべきでしょう。

BOOKSHELF　社会問題を考える本棚

・このパートでの賃金労働とそれ以外のアンペイドワークについての説明は，仁平典宏「揺らぐ「労働」の輪郭」『労働再審〈5〉』（大月書店，2011年）に依拠しています。

・カール・ポラニー『大転換――市場社会の形成と崩壊』（東洋経済新報社，2009 年）は大著で，読まれざる名著との雰囲気も漂いますが，やはり一読に値します。たとえば「東大教師が新入生にすすめる本」（『UP』誌）でも，しばしば推薦されています。

・町田康『ゴランノスポン』（新潮文庫，2013 年）所収の「二倍」は今風の会社の虚実を描く短編小説で，他の作品とあわせて空虚なパフォーマンスが横溢する現代社会を痛撃します。

PATHWAY〔社会問題への小径〕——ベーシックインカムの思想と現実

　毎日サーフィンだけして遊んでいる人を，どう評価するかという話があります。「ちゃんと働けよ」という常識論に抗して，自然環境を破壊しない分，むしろ人類の永続に寄与するというのがベーシックインカム論者の応答です。

　賃金労働中心の市場経済に正面から対抗する政策的代替案が，ベーシックインカム構想です。ベーシックインカムというのは，無条件に全所属員に一定の給付を行って生活を保障するというものです。ですから働いていないサーファーも対象になり，働かなくても生きていけることになります。

　もちろん財源の問題はあるのですが，皆で負担すれば不可能ではないでしょう（コロナ対策での国民全員への給付の例もあります）。誰も働かなくなるともいわれるのですが，労働の対価は上がるでしょうから，働く人は残るでしょう。

　ですから必ずしも荒唐無稽な政策案というわけではありません。ロボットやAIの力を借りれば，皆がそんなに働かなくても済むはずで，余計な差異や競争があるために，皆こんなに忙しいだけだとも考えられます。

〈実際的問題と思想的意味合い〉

　他方，実際に実現しようとすれば，実務的な課題が多いのは確かです。とりわけどこまで支給対象にするか（子ども，外国人，在外邦人等）が難問です。

　これがあれば生活保護も要らなくなりますが，社会保障給付を全体として最小限に抑えるための一環として提唱されることが多い点にも留意が必要です。全員にくまなく給付すれば，その分，物価が上がるだけとのおそれもあります。

　各国での部分的な成功例が喧伝されることが多いのですが，ナウル共和国のように天然資源のみに依拠して豊かな生活を実現して，それが枯渇したとたんに衰亡する例もあります。

　それでも，労働に重きを置かないというベーシックインカムの思想性には注目すべきでしょう。市場労働だけが特権的に重要なわけではなく，むしろ資源浪費・環境破壊・人間破壊的になっていることも多く，そのアンチテーゼとしての意義は大きいのです（ベーシックインカムについては，フィッツパトリック『自由と保障』（勁草書房，2005年）が分かりやすく解説しています）。

AFTERWORD（余滴）── 職業に貴賎なしか

> われわれの親戚であるゴリラやオランウータンや，チンパンジーやテナガザルは，自然の植物を食べてずっとうまくやってきた。
> ところが人間は温かい食事を作るばかりか，いまや，生命を育んできたこの健全な惑星を，200年もかけないで破壊してしまった。それも主に化石燃料を使った熱力学的ばか騒ぎでもって。
> というわけで，ばか騒ぎは続く。が，そう長くは続かない。
>
> カート・ヴォネガット（小説家，1922-2007）†

　2019年にタイを拠点に活動していた振り込め詐欺の集団が集団検挙されました。そのとき作業場には詳細な「業務マニュアル」とともに，「責任感をもつ」，「ネガティブにならない」，「冷静さを心がける」，「しっかり集中する」というような様々なスローガンが貼ってあったといいます。

　どんな仕事にも，収入だけではなく，やりがいはあるし，そこには挫折も成長もあり，仲間もできることでしょう。それは詐欺集団だって同じなのです。

　だからこそ，あえていえば「労働自体が尊い」ということではないと認識すべきなのかもしれません。「職業に貴賎なし」といいますが，それでもたとえば合法的な仕事の中でも様々な点で違いはあり，まったく同等に扱うべきだということはありません。

　かつて社会を主導したような産業にしても，労働力の酷使の上に成り立っていたり，もっぱら環境破壊と資源の枯渇をもたらしたということだってあります。その意味ではベーシックインカム論者のいうように，それこそサーファーの方が高く評価されるべきかもしれません。ディケンズの『クリスマス・キャロル』には，「人間（Mankind）こそ，わたしの仕事だったのだ」という言葉もあります。

　カート・ヴォネガットがいうように，冷静に考えれば，今のようなことが長くは続かないと思われます。

　とはいえ私たちが生きている間くらいは，うまく持ち堪えられるかもしれないという点が，話をむしろややこしくしています。

　† カート・ヴォネガット『国のない男』（中公文庫，2017年）

15 賃金労働と雇用社会
── 失業保険，社会的保護──

● サラリーマンの起源はここに ●

> #### フロントストーリー
>
> マドモワゼル・シャネルはナチスの将校と恋愛関係にあったせいで，戦後事業を放棄して服飾の世界から退いてスイスに隠棲する。しかし，ファッション界の惨状をみて，敢然とカムバックを決意し，第一線に復帰を果たします。71歳の時です。
>
> デザイナーとしての代表作，「シャネルスーツ」を完成するのは，なんと復帰後の71歳から死ぬ直前の86歳までの15年間なんです。
>
> 彼女は日曜日が大嫌いなんですね，働けないから。で，土曜日にご飯を女友達と食べて，食べ終わって口を拭ってぱっと立ち上がって，「明日は日曜日だけど，私働くわ」と言ってその次の朝，たしか心不全だったか，ベッドで死んでいるところを発見される。それが最期の言葉です。
>
> 佐々木中『この日々を歌い交わす』より †

　ココ・シャネル（1883-1971）は，生涯の最後の最後まで働いていたわけです。最近は日本でも生涯現役社会ということが唱えられたりします。

　大学を終えると，学生たちはこぞって働き始めます。特にその大半は会社に勤め，ないしは何らかの組織に属して，給料をもらって生活するようになります。家を継ぐとか，起業する一部の人たちを除けば，賃金労働者として一生の大半を送るわけです。筆者のような大学教員にしても，賃金労働者です。

　いったい何のために，人間はそんなに働くのかといえば，ココ・シャネルのように自らの生きがいのために働くという人もいますし，もっぱらお金のために働くという人もいるでしょう。いずれにせよ人生は，もっぱら働くということに色濃く染められています。いつから，そういうことになったのでしょうか。

　このパートは，そういう賃金労働がテーマです。

† 佐々木中『この日々を歌い交わす──アナレクタ2』（河出書房新社，2011年）

171

◆ 問題の所在──それは「問題」なのか，どこに問題があるのか

　多くの人にとって，仕事はもっとも大きな時間とエネルギーを振り向ける対象であり，人生の中心的な位置を占めています。

　収入を得るだけでなく，幸運なケースでは自らの自己実現の場にもなります。しかしそうでないとしても，その人のアイデンティティを規定するのは，通常はその仕事ないし職業です。自己紹介で，名前の次に来るのは仕事・職業であり，「自分とは何者なのか」を決めるのは「自分はどういう仕事をしている人なのか」なのです。

　そして今日では「職業選択の自由」が憲法上も明記され，実際になりたい職業に就けるとは限らないものの，およそ職業選択の余地がなかった近代以前とは異なり，自分で職業を決める・変えることが可能となっています。

〈社会的な問題としての契機〉

　人生の目的であるか，収入を得る手段に過ぎないかは人それぞれですが，どちらにしても仕事，特に賃金労働にはしばしば深刻な問題が随伴しています。

　労働者は，資本家によって搾取されているとカール・マルクス（1818-1883）はいいました。確かに労働者は賃金をもらっているのですが，その生み出す価値と比べれば，本当は「もっと」もらってもいいはずで（つまり値切られていて），その分，資本家が懐に入れているというのです（「剰余価値」といわれます）。

　実際，自分の給料が「多すぎる」と思っている人は少ないでしょう。こんなにがんばっているのに報われていないと思っている人が，また時間的にも働かされすぎていると思っている人が多いのではないでしょうか。

　仮に希望する仕事に就いた（希望する会社に入った）としても，そういうことはあります。それは個々人の努力を超えた問題ですし，資本主義の競争の中では，個々の会社をも超えた問題だといえます。

　しかし他方では，賃金労働をいわば梃子として，収入をもたらすにとどまらず，労働者への「社会的な保護」が実現しているという面があります。このパートでは賃金労働とそのあたりのメカニズムを見ていきたいと思います。

◆ モデルによる分析・検討

〈空間モデルによる理解〉

「労働」にはいろいろあります。歴史的には奴隷労働も一般的でした。人間に限らず動物だって，「働きアリ」はもちろん，生き延びるため，子孫を残すために，ずっと働いているようなものだともいえます。

ですが空間モデルにあてはめてみると，資本主義のもとで妥当する市場労働・賃金労働というのは，その一定部分だけです。もっともその境界線は微妙であったり，流動的であったりします。

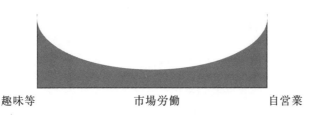

趣味等　　　　　　　市場労働　　　　　　　自営業

何が市場労働として評価されるかは，ある意味では偶然の事情で，また時代によっても変わるものです。たとえばゲーマーとか，ユーチューバーとか，かつては所得を稼げる仕事だとは考えられませんでした。

また趣味で絵や音楽をやっていて，それが市場に受け入れられるかどうかは，才能によることもありますが，偶然によっても左右されることがあるでしょう。有名になって成功する例もあれば，そうでない無数の例もあるわけです。

他方，賃金労働とは別に，農林水産業や自営業の人はたくさんいます。最近は独立起業も増えています（なお様々なアンペイドワークについてはすでにみました ➡ **14. 仕事と市場**）。ちなみに会社でも出世して役員になれば，一応は「経営側」（雇っている方）になるのですが，「サラリーマン役員」という言い方もあるように，引き続き会社に雇われている存在でもあります。

ですが依然として資本主義社会の中心的な担い手は，会社に勤めて，毎月の賃金によって生活する賃金労働者だといえます。日本では5-6000万人が，役員ではない「被用者」（雇われている人）に分類されます。

〈賃金労働の成立〉

　そもそも賃金労働は，近代の都市化の中で，農村から都市に出てきて働きはじめた工場労働者にその機縁があります。労働自体は昔からあったわけですが，近代における賃金労働は，ここで成立したのです。

　中世には，人々は土地に縛られていました。身分制のもとで，農民の子は農民になるのであり，そこでは就活も自己実現もなかったのです。

　しかし近代に至り，人々は移動の自由を得て，都市に出てきました。「都市の空気は自由にする」という言葉があります（アウシュビッツで有名な「労働は自由にする」とは別です）。

　もっともそこで彼らは，自分の労働力を誰かに売り渡すということでしか，収入を得る方法はありませんでした。そのことは現在に至っています。

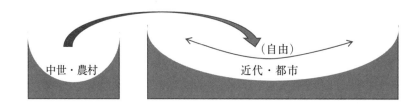

　いいかえれば土地からは自由になったものの，雇用主に対して自由を売り渡しているようなものです。何しろ朝から晩まで，週初めから週末まで，1月から12月まで，翌年もその翌年も，もっぱら雇用主のために身を粉にして働いているのですから。それは労働契約なのに，身分制に接近している（あるいは戻っている）とみることもできるかもしれません。

〈日本の特徴〉

　さらにこれが日本においては，特定の会社組織に所属するという性格が強く出てきました。もともと日本では，農村（稲作）社会以来の共同体志向が強いのですが，それが会社組織に受け継がれたとみることもできるでしょう。会社が「イエ」になっているともみられます。

　しかもその構成員は新卒一括採用された男性中心であり，そのもとで終身雇用を軸とする「日本型雇用」も定着してきました（**→ 16. 職場環境と労働条件**）。

〈社会的保護の実現〉

　この賃金労働が，自由と引き換えの搾取の契機だったとしても，それを救済ないし緩和する方策は講じられてきました。これは社会的保護とも呼ばれますが，今日的な社会保障，とりわけ社会保険という仕組みの機縁の一つです。

　賃金労働者は，みずからは生産手段を持たず，労働力を売ることで収入を得るわけですから，それが売れなくなったらたちまち窮します。老齢になったり，そうでなくても病気になったり，仕事をクビになったりしたら収入を断たれます。普通はココ・シャネルのように最後の最後まで働くことはできないのです。

　賃金労働者の収入源は，賃金しかありません。ですが手許にあるお金は，とかく使ってしまうものです。庶民は目先の生活を賄うだけでも大変なのです。

　しかし少なくともいずれ自分が退職して，賃金が入ってこなくなることは分かっているわけですから，その時のために賃金から一定の分を「取り分けておく」という方法が考えられます。またそれに限らず，病気や事故，職を失った場合にも備えて，あらかじめ一定の分を「取り分けておく」わけです。

　これが社会保険という仕組みの機縁の一つだといえます。社会学者のロベール・カステル（1933-2013）がこの社会的保護の経緯を詳細に描いています。

　このことは，時間モデルにあてはめてみることができます。【タテ軸は収入の水準です。】賃金を得られている間に，その一部を取り分けて，いわば手の届かない（使ってしまうことができない）ところに預けておいて，賃金を得られなくなったときに備える（典型的には年金として受け取る）ということです。

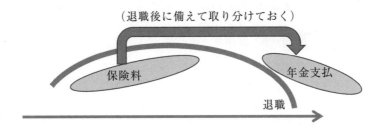

（退職後に備えて取り分けておく）

保険料　　　　　　　　年金支払

退職

　年金については，退職後に必要となる額を退職時までにフルに積み立てておく必要がありますが，医療や労災保険の仕組みでは，リスクの実現可能性（たとえば事故や病気の確率）に応じて，拠出すべき保険料は少なくて済みます。

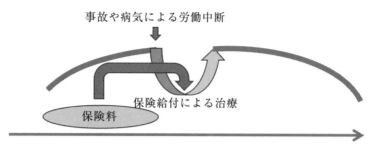

　これは労働力しか売るものがなく，賃金しか収入がない労働者にとっては，ギリギリの，しかし有効な戦略だったといえます。決して多くはない賃金から，一定額を取り分けておくというのは，いわば捨て身の戦略ともいえます。このような仕組みによって，賃金労働によりかかる（そうするしかない）人の一生が安寧であるように，社会的保護を及ぼすことが可能になったのです。

　つまり人は賃金労働によって，収入が得られて，衣食住が満たされます。さらに何らかの理由で労働できなくなった時でも，その賃金から社会保険料を拠出しておくことを通じて，一定の救済策，復帰策などを利用できるわけです。

　近時，このような社会保険の限界が指摘されることもありますが，それでもこの仕組みは，基本的にはよくできたものではないでしょうか。

　そして賃金労働は，このメカニズムのいわば基本的な動力となっています。この延長線上に，次にみる失業保険も位置付けられます。すなわち職を失ったときに，次の職を得るための仕組みであり，それは基本的な動力が失われたときに，それを復旧させるためのいわばバックアップ電源なのです。

〈雇用保険制度〉

雇用保険制度は，日本の5つの社会保険の一つであり，かつて「失業保険法」として1947年に制定されたものです。

これは基本的にはあらかじめ保険料を払っておいて，失業（離職）した場合に，従前の所得の一定割合（50％等）の金銭給付がされるというものです。保険料は「労使折半」で，その水準は年金や医療よりかなり低いものです（労使分を合わせて賃金の1％前後）。

その支給期間は，離職から数カ月が普通です（最長でも1年）。リストラや会社倒産の場合，また勤務期間が長く，年齢が高い場合には，支給期間はやや長く，そうでない場合（特に自己都合退職の場合）には短くなります。

その後，法律の名称は「雇用保険法」になり（1974年），より積極的な労働政策のための給付が整備されていきました。すなわち「失業した時に」というだけではなく，「失業しないように」また「早く再就職できるように」ということに向けた諸給付が充実してきました。たとえば教育訓練への給付や，育児休業・介護休業時の給付（育児や介護で離職しないですむように）などです。

〈雇用保険の趣旨〉

いずれにせよ雇用保険では，再就職までのつなぎという趣旨が色濃く出ています。いいかえれば雇用保険の支給がされている間に，集中的に次の仕事を探すことが想定されているわけです。

実際問題としては，日本ではこれまで失業率は低く（数パーセントで）推移してきたこともあり，雇用保険制度のあり方が社会的に問題となることも，年金や医療と比べてほとんどありませんでした（もっとも新型コロナ対策の関係で，休業補償や雇用調整助成金が注目されるようになりましたが）。

とにかく働けるうちは，何らかの賃金労働に従事するように，またそこから脱落したら，とにかく早く復帰するように，設計されているわけです。そしてこれまで日本はそれで基本的にうまくいっていたというべきでしょう。

ただ雇用社会の変化によって，今後はその役割が大きくなることも考えられます。極論すれば医療保険のように，雇用保険の利用が日常的なものになることがあるかもしれません。

〈賃金労働の様相——モーグル競技のような〉

　このように雇用保険制度では，ある仕事から離れたら，できるだけ早く次の仕事に「乗り移る」ことを念頭に設計されています。職業生活というのは「義経の八艘飛び」，あるいはスキーのモーグル競技のようなイメージのものであるかもしれません。一つの職場で働き続ける場合でも，転倒しないようにいろいろな凹凸を乗り越えていく必要があるのですが，何回か職場異動のような小さなジャンプがあり，さらに場合によっては転職のような大技のジャンプをしなければならないのです。そこが人によっては「見せ所」かもしれません。

　しかし日本型雇用が崩れていく中で，自らの意思で，またそうではない形で，多くの勤め人が，企業をまたいでこの「モーグル」的な動きに加わってきています。雇用保険の教育訓練給付などのいわゆる積極的労働市場政策も，そのモーグル的な運動神経やジャンプ力をつけるために行われているともいえます。

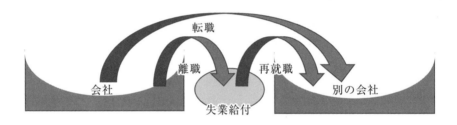

　賃金労働者にとっては，「チャンスに満ちている」ともいえますが，一瞬も息をつけない，しんどい人生だという気もします。そういう「モーグル」をこなしていくために，本人としても不断に能力を向上させていく必要があります。それがいわゆる人的資本・エンプロイアビリティの向上であり，ビジネスマンが日々励んでいる自己啓発とは，結局そういうものでもあるかもしれません。

　特に年齢が高くなってもそれを続けなければならないのは，結構きつい話でしょう。高齢者が急にパソコンに取り組む羽目になるというような話です。

〈会社側にとっての雇用社会の変容〉

　このような「モーグル」競技的な状況は，雇用する側（会社）の方にも，その行動に変容を迫るものでもあります。

すなわち従来は，いわばモーグルの小さい凹凸をむしろ会社側が用意して，社員を転倒せずに最後までゴールさせることを考えていればよかったといえます。しかし昨今では，社員が大きなジャンプで別のコースに移っていってしまったり，逆に別のコースから途中で入ってきたりするということになります。

それは労働者側と同様に，会社にとってもチャンスであり，同時にピンチでもあるわけです。途中から優秀な人が入って来る可能性はあるものの，優秀な人がどんどん出て行ってしまい，そうでない人ばかり残るリスクもあります。

そうだとすると会社側でも，その流動性をコントロールしたいと考えるのは当然でしょう。むしろ強制的にコースアウトさせたいこともあるはずです。つまり解雇しやすくしたいという話になります（➡ **16. 職場環境と労働条件**）。

ただ会社自体も，コースアウトすることがあります。すなわち業績が低迷したり，事業の変更が必要になったり，最悪では倒産したりします。さらには産業構造の変化により，産業ごとコースアウトしてしまうこともあります。

このように，会社さらには産業もろとも従業員も「モーグル」的アップダウンを繰り返していくことの評価は分かれるでしょう。むしろ時代遅れの企業や産業は淘汰された方がいいという見方もあるし，そうならないようにするのが政策の役割だという見方もあるでしょう。特に社員を解雇してでも会社や産業を守るべきか，社員の雇用の維持が最優先かは意見が分かれるところでしょう。

BOOKSHELF　社会問題を考える本棚

・このパートで紹介したロベール・カステルによる歴史分析は，おもに『社会問題の変容──賃金労働の年代記──』（ナカニシヤ出版，2012 年）によるものですが，本編だけでも二段組みで 542 ページという大著です。

・そこでこれをパラフレーズした本として，福祉と雇用の関係を幅広く論じた岩崎晋也『福祉原理』（有斐閣，2018 年），また労働法制との関係を論じた水町勇一郎『労働社会の変容と再生』（有斐閣，2001 年）があります。

・日本の会社と雇用のあり方全般については，岩井克人『会社はこれからどうなるのか』（平凡社ライブラリー，2009 年）が明快に説明しています。

・メルヴィルの短編小説『書記バートルビー（／漂流船）』（光文社新訳文庫，2015 年）は，解雇されても事務所を去らない事務員を描く怪作です。

◆ 政策的対応に向けたヒント──賃金労働との間合い

このような状況の中で，政策的な対応の方向としては，賃金労働に「固執」するかどうかが一つの分水嶺になりそうです。すなわち賃金労働を立て直して，そこを拠点に社会的保護を維持していくか，それとも別の方向を探るかです。

前者については，景気対策ないし経済成長戦略によって雇用を確保するというのが常套手段で，日本では長らく大きな役割を果たしています。

他方，もし雇用を重視するとしても，その量的な拡大を目指すのではなく，それをむしろ「稀少な財」として多くの人に配分するという方向も検討に値します。いわゆるワークシェアリングの方向であり，人口減少の中では，これは重要な選択肢ではないかと考えられます。

これらに対して，むしろ思い切って雇用から離れて，あるいは労働という状態から切り離して，人間自体に着目する方向も模索されています。労働の有無にかかわらず，基本的人権を重視して，社会的保護を及ぼすということです。代表的にはすでにみたベーシックインカム論があります（➡ **14. 仕事と市場**）。

これは賃金労働を神聖化しないという意味で，注目すべき考え方ですが，その中で，すでにみたような社会的保護につながるメカニズムを安定的に構築できるかどうかには疑問もあります。

〈失業保険の逆機能〉

あわせて難しいのが，いわゆるセーフティネットとしての雇用保険の役割を強化すべきかどうかです。雇用の流動性が増す中では，一般論としては離職の際の手当は手厚くすべきだと考えられるのですが，そのように救済策が整備されると，「労働者を離職させても大丈夫だ」ということで，（事業者や政府にとっても）解雇やリストラへのハードルが低くなるおそれがあります。

これは政策の「逆機能」ないし「意図せざる結果」（社会学者のロバート・マートンの用語），あるいは救済策整備に伴うジレンマ（広い意味でのモラルハザード）として，政策ではよく見られるパターンでもあります。これにどう対処するかは難問なのですが，細かな制度設計の工夫（自己選択を通じたいわゆる分離均衡の実現）によって解決できる可能性はあるでしょう（➡ **17. 消費と契約**）。

PATHWAY〔社会問題への小径〕——画期的な求職者支援制度

　筆者が大学で，学生たちに「これだけは覚えておけ」というのがこれです（そうすると，本当にこれしか覚えなかったりするのですが）。

　ここまでは働いていて，職を失った人たちへの対応を主にみてきました。しかし一度でも勤める場が得られたからこそ，そこで雇用保険の保険料も払って，離職に備えることができるわけです。たとえば就活で一つも内定をもらえずに大学を卒業してしまうと，雇用保険の加入も利用もできません。

　そこで，求職者支援制度というものができています（2011 年～）。これは雇用保険を利用できない場合，生活費の支給を受けながら（月 10 万円の職業訓練受講給付金），職業訓練などを受講できるというものです。

　この制度のもとでは生活費の支給を得て，安心して職業訓練，スキルアップに集中できる点に意義があります。いいかえれば「その場しのぎ」の仕事に携わって「食いつなぐ」必要がないのです。

　これは画期的な制度です。学校でいえば，授業に出ると，授業料を免除されるだけではなく，逆にお金をもらえるというのですから。とりわけ母子世帯等にも有用でしょう。失業給付の期間が切れてしまった場合にも利用できます。

　もちろんそうすると「お金をもらうために受講する」という人は出てくるので，その運用は厳しく，たとえばやむを得ない理由以外で一度でも欠席すれば（さらに一度でも遅刻・早退したら）その月の給付金は支給されません。そもそも制度を利用するには収入・資産要件があり，事後のフォローもされます。

　時間モデルでいうと，「低い軌道曲線」の賃金プロファイルになりそうなとき，そこから「あえて一時離脱」してスキルアップを図り，一挙に「高い軌道曲線」に移るというものです。もちろんそううまくいくとは限らないのですが，「その場しのぎ」の就労を回避するという制度趣旨は高く評価できると思います。

スキルアップ

AFTERWORD（余滴）── 社会保険の劣化？

> 「でも可哀そうなお父さん。あんなに一所懸命働いて，店を
> 手にいれて，借金を少しずつ返して，そのあげく結局は殆んど
> 何も残らなかったのね。まるであぶくみたいに消えちゃったの
> ね」
> 「君が残ってる」と僕は言った。
>
> 村上春樹「ノルウェイの森」†

　この小説の「お父さん」は，小さな書店を営んでいた，いわゆる自営業の人
でした。生産手段（店舗など）を保有する自営業者でもそういうことになるので
すから，ましてや「自分の身ひとつ」しか持たない賃金労働者では，死ぬほど
働いても「何も残らない」ということになっても不思議ではありません。

　そんな賃金労働者について，社会保険（年金，医療保険，労災保険や雇用保
険）を通じて社会的保護を付与するという仕組みで，近代社会は自由と生存を
両立させられるようになったということができます。

　仕事が苦痛だろうと，楽しみだろうと──いいかえれば仕事が人生の目的自体
だとしても，そうではなく仕事は収入を得るための手段に過ぎないとしても──
どのみちこういう仕掛けは必要だし，有効だといえます。

　近時，雇用形態が多様化して，正規雇用者のウェイトが小さくなるのに伴っ
て，社会保険という仕組みの「劣化」が指摘されることがあります。社会保険
に加入できない層には，このメカニズムは役に立たないからです。

　しかし，これは社会保険の仕組み自体が劣化したのではなく，むしろ雇用の
方の劣化というべきでしょう。なんでも「崩壊」させるのが好きな日本人です
から，雇用崩壊・雇用破壊というようなテーマの本がたくさん出ています。

　もっとも雇用のあり方自体は，企業の経営判断の問題でもあるので，なかな
か政策によって直接変えていくのは難しいところがあります。その意味では社
会保険の側で，雇用の変容に対応するために政策的に対応していく必要がある
とはいえるでしょう。

† 村上春樹『ノルウェイの森』（講談社文庫，2004 年）

16 職場環境と労働条件
── 賃金，労災保険──

● 死ぬほど働く人，死ぬまで働く人 ●

フロントストーリー

　牛馬の如くに働かされ，なんていいまわしがあるように，あまりよい
イメージではありませんが，多くの人は，会社で働く，就職する，とい
う言葉にこのようなイメージを持っているのではないでしょうか。

　けれども私は就職することを含めて，世の中で働く・仕事をする，と
いうことは，本当はそういうことではないのではないか，と睨んで，少
し違うイメージをもっています。

　どんなイメージかというと，私たち自身が田や畑だというイメージです。

　と同時に，私たちは農夫でもあります。農夫である私たちは，田や畑
である私たち自身を耕し，種を蒔きます。したところ，芽が出て茎が伸
びて実を結びます。その身を収穫して，これを売却し，その資金で生き
ていくのに必要なものを購うのです。　町田康『人生パンク道場』より †

　町田康（小説家）ならではの発想で，元気と勇気をくれる（場合によっては会
社への未練も断ち切ってくれる）ものですが，「言うは易く，行うは難し」とい
うところはあります。特に日本では職場の「磁力」が強いということもあり，
過労や低賃金，ハラスメントなどに苦しめられる社員がたくさんいます。

　そこでは上司の側ももろもろのコンプライアンスへの抵触などをおそれると
いうこともあるわけです。もちろん本人次第という部分はありますが，会社次
第ということもあるし，また政策次第というところもあります。

　仕事にはたくさんの意義があり，他方，しばしば失うものもあるのですが，
その中でも少しでも望ましい職場環境にしていく余地はありそうです。現在，
職場や労働条件にどういう問題があり，また政策的にどう向き合っていくべき
かが，このパートのテーマです。

　　　　　　　　　　　　† 町田康『人生パンク道場』（角川文庫，2019 年）

◆ 問題の所在──それは「問題」なのか，どこに問題があるのか

　仕事といっても，しょせん「雇用契約」であり，別に全人的な身分などではないのだから，その職務上の義務だけ果たせばいいのだという割り切りはあり得ます。しかし，なかなかそう簡単にはいきません。特に学生のうちは想像しづらいかもしれませんが，しょせん契約といいつつも，朝から晩まで，月曜から金曜まで，春夏秋冬，一つの組織に属するというのは，まさにその人の生活の中心的なポジションを占めることなのです。

　ですから契約とはいえ，まさに人生にかかる全人格的な，それこそ身分というべき関係性に組み込まれるのに近いのです。嫌なら辞めればいいはずなのですが，それも（離婚などと同様に）それほど簡単ではないのです。

〈社会的な問題としての契機〉

　一般的には両当事者の合意があれば，それが基本的には契約の内容となります。しかし上記のような性格から雇用契約の場合は，雇う側と雇われる側との合意さえあればいいというわけにはいかず，そこに一定の社会性が伴います。

　そこでは「標準的な規格」というべきものがあり，そこから逸脱することは許されないことがあるのです。他方，「私人」同士の契約である以上，これをまったく画一的に規制するわけにはいきません。その隘路（あいろ）で社会的な政策が，どういう場面でどの程度関わるかは難しい問題です。

　特に最近は転職しやすくなっているとはいえ，「嫌なら辞めればいい」という前提は，あまり軽々にとるべきでないと考えられます。なぜなら会社という経営体は，（実際には栄枯盛衰があるにせよ）基本的に永続的です。他方，個々人の人生は短く，とりわけ若い時の1年1年は，取り返しがつきません。その意味で時間軸が，雇う側と雇われる側では，まったく非対称的なのです。

　たとえば就活（会社からすると採用活動）は，学生にとっては一生の事柄ですが，会社にとっては毎年の恒例行事なのです。その意味で，あくまで個々の人間を中心において考えていくべきでしょう。

　このパートではそれらの職場環境と労働条件の諸問題について，いわゆる日本型雇用を切り口として見ていきたいと思います。

◆モデルによる分析・検討

〈時間モデルによる理解〉

　ここでは時間モデルをもとに，人間と企業組織（個人企業やNPOなどもありますが，一応その代表として会社を想定します）との関わりを考えてみます。

　一般的に会社での就労は，少なくとも成年期において，よかれあしかれ多くの人にとって，それが人生の枢要な部分となります。

　このとき就労には，自己実現といういわば「目的的な側面」があり，同時に賃金を得るという「手段的な側面」があります。もっとも人によって，どちらが主でどちらが従といい切れない場合もあります。もっぱら収入を得るために，嫌な仕事をする場合も多いことでしょう。

　しかしいずれにせよ，これらは両方とも一般的には，以下のようなカーブを描くことが多いといえます。【タテ軸は，自己実現の度合いであったり，収入の水準だったりします。】

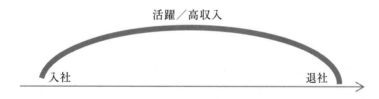

活躍／高収入

入社　　　　　　　　　　　　　　　　　　　　　退社

　そこでは勤め人にとって，よかれあしかれ自分の人生のストーリーと，自分の会社生活におけるストーリーとが一致することが多いといえます。つまり会社での成功・失敗が，人生における成功・失敗と等価になりがちなのです。

　したがって勤め人としての幸福は，足許が安定している（空間モデルで一定の枠内に収まっている）ことを前提に，時間モデルにおいて，一定の上昇曲線を描いていくことで実現が図られます。そのことは自己実現という「目的的な側面」においても，収入などの「手段的な側面」においても妥当します。

　そのうちまず「目的的な側面」からすると，会社に入ると，日本での新卒一括採用であれば，最初はどうしても見習い的にならざるを得ません。いきなり会社での枢要な仕事を担うということは，普通は稀でしょう。

そうだとしても経験を経て，自分の力を発揮していく場面や機会が多くなっていきます。徐々に重要な仕事，顧客対応，判断を任せられたり，部下が増えてきたりするわけです（もっともこれは一つの企業での終身雇用を想定した場合のモデルです。転職などの場合，また専門職や営業職などではいきなり高いパフォーマンスをたたき出すこともあるでしょう）。

もちろんあまり出世しなかったり，逆にたとえば役員や社長まで上り詰めたりということもあるわけで，モデルでのカーブの形状は人により様々です。ちなみに仮に嫌な仕事・必ずしも本意ではない仕事だとしても，そこに何らかの生きがいを見出すのが人間でもあるでしょう。

特に日本の大企業の場合，「手段的な側面」に関して，賃金プロファイル（カーブ）も少なくとも当初はこれに近い形を描いていることが多いといえます。つまり賃金と仕事のパフォーマンス（会社への貢献）とが社歴とともに上昇していって，これらがいわゆる年功序列型賃金にもつながっています。

ただしこれについては時間モデル的な見方として，ラジアー（労働経済学者。1948-2020）の図式というのが有名です。これは長期雇用においては，会社への貢献と賃金とは時間的に「ずれている」というものです。

つまり若いうちの賃金は，仕事の貢献度と比べると，割を食っていて，長年働くことで，それを取り戻すという話です。逆にいうと長年勤めないと損をするということであり，そのため長期雇用が志向されるという説明です。

〈空間モデルによる理解〉

人が職場で働くことは，空間モデルにもあてはめることができます。特に勤め人の場合，他の人たちと共同で仕事をすることになり，自分と他人・会社との関係がしばしば問題に，また多くの場合にストレスとなります。

自分中心　　　　　　　　　　会社や他人と協調

　このとき各人は，自分と他人および会社との協調を図り，バランスを取りながら，空間モデルでいえば自己のポジションをある程度は振幅（スウィング）させながら仕事を進めていくことが必要になります。

　ただ往々にして，会社というのは過酷です。特に過重な仕事量，労働時間などの劣悪な職場環境・労働条件，人事上の命令，時にはハラスメントなどもあるわけです。共同でやっていることですから，ある程度は他人や会社と協調することは大切ですが，これを甘受しすぎると，空間モデルでいえば右側の「壁」がこちら側に迫ってきて，本人の閾値を超えるような事態もあり得ます（そのため精神のバランスを崩すことがあります ➡ **3. 自殺とメンタル**）。

　それら全般につき，職場での枠の「幅」を確保し，右端の壁がこちらに迫ってきて各人の自由を侵食しないようにする必要があります。そこで役割が期待されるのが労働法制（労働基準法，労働安全衛生法，労災保険法等）です。

〈いわゆる日本型雇用〉

　日本では，個人が特定の会社組織に所属するという性格が強く，すでにみたようにもっぱら会社という枠組みの中で，個人のストーリーが展開されることになりがちです。そのあり方は，日本型雇用として知られています。

　もともと日本では農村（稲作）社会以来の共同体志向が強く，それが会社組織に受け継がれたとみることもできます。会社が「イエ」になっているとみることもできるわけです。その中では終身雇用，年功序列，企業内組合が日本型雇用の「三種の神器」とされています（経営学者のアベグレン（1926-2007）による分析を嚆矢とします）。

　すなわち会社の枠組みに入る際には，大学新卒の年度ごとの一括採用であり，一度入社したら，定年まで雇用が保障されます。いわゆる終身雇用で，「よほどのこと」がないと解雇はされないのです。

逆に，社内での配属は会社が適宜決めていて，転勤を伴う異動なども大幅に行われてきました。その中で勤め人は，仕事に対する専門性というよりは，「その会社の」会社人としての専門性が磨かれ，評価されてきたのです。

　これに応じて年功（序列）賃金が払われてきました。各人は徐々に家族も増えて，生活費も増えるので，これに対応するという「生活給」の考え方です。

　そして企業内で職場内訓練（OJT：オンザジョブトレーニング）により成長が促され，あわせて企業内の福利厚生も充実してきました。社宅，会社の制服，会社の運動会，会社の保養所等々は，日本以外ではあまりみられないものです。労働組合も企業ごとに設立されています（欧米では産業ごとが主流です）。

　そのように勤め人の生活まるごとが，いわば身分のように，会社と不即不離だったのです。ちなみにここでの勤め人は，もっぱら男性ということです（女性は非正規労働等の補足的な位置づけでした）。

〈日本型雇用の変容〉

　しかしこの日本型雇用は急速に変わりつつあります。転職や中途採用はごく普通のことになり，給与も成果給・職務給などのウェイトが増えています。そして一般的・専門的な資格や技能の習得が重視されてきています。同時に会社一辺倒の生き方ではなく，仕事と家庭の両立が唱えられています。

　他方では非正規雇用や派遣などの雇用形態も増えており，日本型雇用の妥当範囲は縮小しています。労働組合の組織率も低下しています。他方で事業主には高齢者に70歳までの就業機会確保が求められるようになりました。

　これらの評価は単純にはできませんが，グローバル化や情報化に対応して職務が高度化し，特に国際競争力を確保するために，また高齢化の中で労働力自体を確保するために，日本型雇用も一定の変容を迫られているものといえます。

　そのおかげで個々人も会社の枠に縛られなくなってきていますが，その分，労働者間の格差拡大にもつながっています。いわば「碾き臼」が別の（企業をまたがる）タイプに代わっただけといえるかもしれません。

　なお雇用形態による待遇差の問題（正規／非正規労働者）については，「同一労働同一賃金」が政策テーゼとなっており，一定の法改正とガイドラインの策定が行われています（2020年から順次施行）。

188

〈労働時間〉

　労働基準法で賃金と並んで位置付けられているのが，労働時間（・休憩，休日及び年次有給休暇）と安全衛生です。特に労働時間は労働者にとって切実な問題です。資本主義の特徴である「余剰」の無限の拡大志向も，時間の有限性の前では立ち止まらざるを得ないはずです。もっともそれがうまくコントロールできないので，サービス残業や過労死などの問題も生じてしまうわけですが。

　ですから労働時間の規制（および休憩，勤務間インターバルや休日等の確保）は大切なのですが，ただ短くすればいいというわけでもありません。あまり労働時間の短縮にこだわると，持ち帰り残業，時短ハラスメントなどの副作用もあり得ます。様々な脱法的手段もあって，すべてを監視するのは困難です。

　また時間と仕事の成果が必ずしも比例するものでもなく，要した時間の長短にかかわらず，もっぱら仕事の成果が問われる性格の仕事もあります。仕事は自己実現にも関わることから，何とも「昭和的」な言い方にはなりますが，「寝食を忘れて仕事に没頭する」余地を否定しきることにも逡巡はあります。

　そうだとすると，仕事の中味によって，規制のあり方を分けるという方法はあり得るわけです。裁量労働制や，いわゆる高度プロフェッショナル制度（一定の対象につき労働時間規制から除外する。2019 年〜）は，そういう点から理解することは可能です。ただしその適切な運用はかなり難しいものでしょう。

〈解雇への規制〉

　労働条件の究極というべきものとして，解雇の問題があります。その会社で労働を続けられるかどうかという「おおもと」の話でもあります。

　従来の日本においては，指名解雇は明確な就業規則違反など例外的な場合にしか認められず，いわゆるリストラ（整理解雇）も，会社の経営自体が危うい時などにしか許されてきませんでした。

　しかし近時では日本型雇用のあり方が変わりつつある中で，一定の金銭の支給を条件に，解雇しやすくする方向がしばしば提唱されています。これは「解雇の金銭的解決」といわれ，いわば慰謝料を支払って離婚するようなものともいえます。これをどう考えるかは難しいのですが，日本型雇用が崩れる中では従来の解雇規制も一定の変容は免れない可能性があります。

整理解雇（リストラ）──会社の枠自体が縮小している

指名解雇──従来の枠から本人が逸脱している

　たとえば本人としては努力しているけれども，そのパフォーマンスが会社・職場が容認し得る枠に入らない（上のモデルで枠の幅を越えてしまう）というケースもあり得ます。あるいは職場や会社の方針を（意図的かどうかは別として）一切無視して「我が道でいく」という場合もあり得ます。

　このようなときに会社側から指名解雇できるかどうかは今後，論点となってくるでしょう（いわゆるローパー（解雇）の問題です）。当座，次にみるように労働者のタイプを分けた対応により，「従来タイプの労働者」に対する不意打ち的な解雇は防ぐべきではないかと考えられます。

TERMINOLOGY 【豆知識】 解雇／自己都合退職

　よく「君はクビだ」というセリフがありますが，日本の労働法制では，これは簡単ではありません。長期雇用を前提としているので，よほどの理由がないと解雇はできず，あるいはあとから裁判所に解雇無効とされてしまいます。

　ところが「辞表を出す」というのはこれとはまったく異なり，自発的な退職──自己都合退職となって，その意思は尊重されます。ですからその違いは意識しておく必要があります。

　もっとも雇用保険では，実務的に「辞表を出させられた」という時でも，解雇と同様に給付の期間を長くする運用が行われています。それでも「辞める」と「辞めさせられる」とでは，法的には大きく違うことに留意を要します。

◆政策的対応に向けたヒント──労働者のタイポロジー

　これらの各領域での政策動向の評価は難しいのですが，日本型雇用のもとで
は会社と社員とがあまりにも一体だったことからすると，社員に人間としての
あり方を取り戻す機縁とする方向で政策的にも考えるべきでしょう。

　しかし同時に，そういう新しい動きとは無縁な労働者のことにも留意すべき
です。仮に「時代に合わない」としても，簡単に切り捨てるべきではないので
す。基本的には従来からの労働者保護のための諸法制（賃金保障，解雇権規制
など）は維持すべきだと考えられます。

〈ニュータイプの労働者への対応〉

　他方，特に途中で職場を（場合によっては何度も）変更する労働者が増えて
いく中では，各企業の「枠」のあり方を事前に開示・明示することの重要性が
増してきます。

　労働条件の明示については，労働基準法（15条）でも法定されていますが，
たとえば証券取引法での詳細な情報開示などと比べれば，改善の余地がありそ
うです。逆にそのような事前（募集時）の開示，採用時の提示が十分行われる
ことを前提とすれば，労働者側も転職等の際には契約条件を精査すべきであり，
その意味で自己責任の度合いが増すことは容認せざるを得ないでしょう。

　改めて「身分から契約へ」の実質化を図ることが求められるわけです。

従来タイプの労働形態　➡　枠の幅の広さの確保が必要

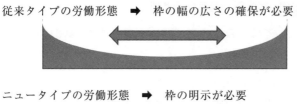

ニュータイプの労働形態　➡　枠の明示が必要

契約条件を把握しつつ移動

〈労災保険の役割〉

　職場環境・労働条件全般にわたる問題としては，事前の情報開示とは別に，事後的な対応のあり方も重要です。つまり何か起きてしまったときの処理のあり方で，典型的にはハラスメントや過労死，過労自殺などの問題です。

　この際にしばしば争点となるのが，労災保険による業務災害認定です。特に裁判になって会社側に問題があったかどうかが争われると，社会的にも話題になります。もっとも労災保険本来の役割は，少し異なったところにあります。

　労災保険は，仕事上のケガや病気を補償する社会保険の仕組みです。本来，仕事がもとで従業員がケガや病気をした場合には，事業主側がその固有の過失がなくてもそれを補償する責任を負うと考えられています。従業員が事業主のために働いている間に起ったことだからであり，たとえば仕事のために危険な場所に立ち入ったり，仕事のせいで病気になったという経緯がある（そうでなければケガや病気になることもなかった）からです。

　その責任を共同化したのが労災保険です。事故の際に賠償責任を負うドライバーが，あらかじめ自賠責保険に加入するのと似た構図だといえます。そのように保険で円満・迅速に解決するための制度なので，そこで職場環境の問題が争点となり，裁判にまでなるというのは，ややねじれたあり方ともいえます。

　他方，職場環境や労働条件のルールが遵守されているかを事前に広く監視することには限界もあり，事後の労災認定において個々のケースを精査する（ひるがえって事前の抑止効果につなげる）ことの意義は大きいといえます。

BOOKSHELF　社会問題を考える本棚

- 労働法の本としては，森戸英幸『プレップ労働法（第6版）』（弘文堂，2019年）が面白くて秀逸です。

- 筒井康隆「マッド社員シリーズ」『筒井康隆コレクションⅡ』（出版芸術社，2015年）所収は50年以上前の作品ですが，就活，ロボットや退職後の問題，リモートワークやテレビ会議まで，今日を正確に予言していました。「小さなスクリーンに12人の社員の顔があらわれた。中にはまだ電話で話している者もいるし，うどんをすすりこんでいる者もいる」。

PATHWAY〔社会問題への小径〕——賃金政策のパラドックス

「希望退職を募ったら，優秀な人ばかりが辞めてしまった」というのはよくある話ですが，労働関係ではその手のパラドックスに満ちています。

特に労働条件の最たるものは賃金ですが，そこはまさに会社が経営の一環として決めるもので，それ自体を政策で直接左右できるものではなく，そこに無理に介入しようとすると「意図せざる結果」が生じることがあります。

代表的なのは，最低賃金制度です。現在，都道府県ごとに一律に定められていますが（2020年で平均1時間902円），より引き上げるべきだという主張も強く，労働者保護の観点からは，当然それが望ましいように思われます。

しかし最低賃金が高くなると，雇用自体に支障を与える可能性があり，議論がありますが実際，韓国ではそれで雇用が逼迫したといわれています（2018年以降）。労働者の福利を改善しようと思って行った施策のせいで，雇用機会自体がなくなってしまうことがあるのです。

実際，同じ仕事をこなすなら少人数でやった方が効率的なことが多く，仕事を増やすとしても，新規雇用（人数を増やす）よりも各人の仕事量を増やした方が，残業代を払っても会社としては安上がりなことは多いのです。

ただ人口減少の中では，雇用コストを高める政策も受け入れられる可能性は大きくなっており，そこでワークシェアリングを目指す余地はあるでしょう。

〈扶養手当や福利厚生〉

いわゆる生活給のウェイトは減ってきていますが，子どもがいる場合に「扶養手当」を賃金に上乗せすべきかどうかも微妙な論点です。子育て支援という意味では評価されそうですが，同じ働きなのに，家族形態により賃金に差があるのは不公平だという見方も可能です。さらに税制上の扶養親族を対象に手当を支給すれば，結果的に男性（夫）の給与だけが優遇されることも多くなります。

さらに福利厚生として企業内保育所が設置される場合があり，子育て支援としては評価されるのですが，社内での公平性の点は別としても，企業福利については企業規模の違いが反映されがちである点には注意すべきでしょう。加えて預ける側ではなく子ども自身にとっての保育環境としての評価も必要です。

AFTERWORD（余滴）—— 会社とプロ野球の類似

> ピッチャーは投げていさえすればよく，攻撃は野手に任せる
> というイデオロギーは，当然のことながら DH 制度を導き出し
> たが，このアメリカンフットボール的な攻守の分業主義は果た
> して野球向きであろうか。
>
> 草野進 †

　日本のプロ野球の世界は，アメリカ的なあり方にどんどんシフトしてきてい
ます。かつて日本では投手については「先発完投」が期待され，専門的な分業
は進んでいませんでした。また一つのチームで引退までプレーするのが理想で，
トレードなどは例外的だったのです。

　その意味ではプロ野球において先行している日本の「アメリカ化」について，
会社と雇用・勤め人のあり方が後を追っているという印象があります。

　たとえばプロ野球のチーム全体の話でいうと，若い選手をチーム内で徐々に
育成していくか，トレード戦略で即戦力を補充していくかという方針の選択が
あります。それはまさに会社において，新入社員から育成していくか，中途採
用で専門性の高い即戦力を集めるかという話と重なってきます。

　もっともこのとき，どちらの戦略が強いチームを作れるかは微妙です。日本
でも即戦力を買い集める「金満チーム」が必ずしも強いわけではありません。

　ただ，ここで大切な問題は，必ずしもチーム自体の強さ，あるいは会社の強
さだけではありません。もちろんチームの優勝のために尽力する選手が称賛さ
れ，チームの優勝にこそ生きがいを感じる選手はたくさんいます。しかしここ
ではどちらのチームないし会社のあり方が，個々の選手ないし個々の社員に
とって，より幸福をもたらすかという視点を忘れるべきではないでしょう。

　プロ野球で，スター選手になれるのは一握りです。同様に，会社で役員など
になれるのは一握りです。しかし，そうではない人たちのことをむしろ中心的
に意識しておくことが，政策を考える際には大切です。

　それでも多くの会社員がプロ野球に熱狂するのは，やはり「どこか似てい
る」からなのでしょう。

　† 草野進『世紀末のプロ野球』（角川文庫，1986 年）

194

17 消費と契約

● 最後にもう一度，学際と ●

フロントストーリー

　そんな張り詰めた状況下，ロック史上もっとも有名な，というか，なんともやりきれないアーティストと観客とのやり取りが交わされた。5月17日，イギリスのマンチェスター，フリー・トレード・ホールでのステージ。終盤，観客のひとりがディランに向かって「ユダ！」と声を上げたのだ。

　裏切り者呼ばわりされたディランは「お前の言うことなど信じない」と答える。間を置いて「お前は嘘つきだ」と，さらなる一言。くるりと客席に背を向け，バンドに向かって「くそでかい音でやろう（Play fucking loud）！」と声をかけると「ライク・ア・ローリング・ストーン」を演奏し始める。その時の演奏のテンションの高さと言ったら……。半世紀近く前の出来事にもかかわらず，このシーンはいまだにぼくたちを震撼させる。

　　　　　　萩原健太『ボブ・ディランは何を歌ってきたか』より †

　この光景はドキュメント映画「ノーダイレクション・ホーム」のエンディングでも生々しく記録に残されていて，ネット上でもみることができます。

　1960 年代，ベトナム戦争反対のプロテスト・ソングの旗手であったボブ・ディランは，突然エレキギターを手に「ロック」をはじめます。コンサートには従来のフォークソングを聞きたいファンが詰めかけて，ロックを演奏するボブ・ディランにブーイングを浴びせました。他方，これを支持する層によって曲はヒットチャートを駆け上がります。その後もボブ・ディランはたびたび路線変更を繰り返し，物議を醸しながら今日に至っています。コロナ禍前の 2019 年のコンサートでも，一つの曲を日によってアレンジを変えて演奏していました。

　コンサートに限らず，人々が求めるものと，実際に得られるものとはしばしば食い違います。それは人が物やサービスを買ったり利用したりするときには，必ず付きまとう問題です。このパートは，そういう消費の問題がテーマです。

† 萩原健太『ボブ・ディランは何を歌ってきたか』（P ヴァイン，2014 年）（一部改変）

◆ 問題の所在——それは「問題」なのか，どこに問題があるのか

多くの人にとって消費は，大きな時間とエネルギーを振り向ける事柄です。その中では「期待していたのと違う」という話がよくあります。法律的には，主として契約法（および不法行為法，さらに行政法）の問題となります。

たとえばコンサートでも，音響とか，演奏時間とか，いろいろな不満があり得ます。冒頭の挿話のように，まったく同じものに対しても，人によって評価は分かれます。ただ「金返せ」というところまでは，（口でいうことはあっても）実際にはなかなかいかないでしょう。

食べ物や飲み物などでも，「期待はずれ」ということはよくあります。それでも「不味かった」からといって，いちいち契約取消とか損害賠償というところまでは，なかなかいかないと思います。

それらは結局，市場（マーケット）の役割だといえます。その金額を払うに値しなければ，「次にはもう買わない」ということになり，多くの人がそうすれば，価格が安くなるか，供給されなくなるかということになるのでしょう。

〈社会的な問題としての契機〉

それでも法的な問題となるケースもあり得ます。たとえばボブ・ディランはその後にもコンサートでゴスペル系の新曲しかやらない時期があり（1979-80年），それも一部には不評を買いました。その後には昔の曲もやるよと宣伝して「レトロスペクティブ（回顧）ツアー」というのをやったのですが，そういう時に，もしそうしなかったら法的問題になったかもしれません。

もっと予想外のことも生じます。上記のボブ・ディランのツアー中（1981年7月25日）には電気事故で2人が死んだことがあります。ちなみに球場で観客がファウルボールでケガをしたというケースは日本でも裁判にもなりました。

食べるものについても同様で，腐っていたり，異物が混入していたり，食中毒では死んでしまうこともあります。味は良かったとしても，不正表示があると，それ自体で法的な問題や裁判となり得ます。

そのように消費問題では，市場と法との接点が問題となります。このパートではそれらについて，安全性と約款の問題を中心に見ていきたいと思います。

◆モデルによる分析・検討

〈空間モデルによる理解〉

消費の対象には，いろいろあります。ですがその購入対象の「商品性」というべきものは，一定の枠内にあることが想定されます。その枠内に入っておらず，商品性に欠けていると，「よせばよかった」とか，あるいはそれ以上の（たとえば取り消しとか損害賠償を請求するというような法的な）問題となります。

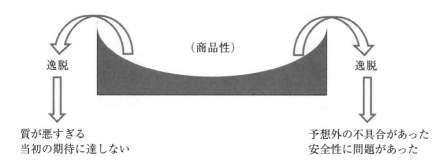

この「よせばよかった」あるいはそれ以上の問題になるのは2つのパターンがあるように思います。一つはその契約の目的物が，期待とは違っていたという場合であり，もう一つはそれとは関係なく，予想外の困った事態が起きたという場合です（これ以外に法律的には，細かくは「数量が足りなかった場合」，「サービスや到着が遅れた場合」など，債務不履行の類型としていろいろありますが，そのあたりは民法固有の議論になります）。

たとえば食べ物であれば，前者はおいしくなかった，注文したものと違っていたというような場合です。後者では，味は良かったのだが，異物が入っていた，腐っていてあとで腹を壊したり食中毒にあったというような場合です。

コンサートについてであれば，前者はパフォーマンスがいまいちだった，音響が悪かったなどであり，後者では，周りの客がうるさかった，椅子が安っぽくて腰が痛くなった，トイレが混んでいた，預けていた荷物がなくなったなどが考えられます。

もっとも両者の中間的な位置づけのものもいろいろあります。

〈契約構造のモデル〉

　これらを「契約」に焦点をあててみると，その法的な構造を，空間モデルにあてはめてみることができます。

　契約主体が意識しているのは，その中心的な一定部分です。すなわち「何を食べるか」とか，「誰のコンサートか」とか，ということです。

　これに対して例外的な場合を除けば，まったく意識されない部分もあります。食べるものであれば，個々の生産者であるかとか，流通経路などが考えられます。コンサートであれば，中止になった場合の取扱いとか，会場の温度設定などが考えられます。それがないと物やサービスの提供は成立しないのですが，しかし契約を締結する際に，それを意識する人はほとんどいないでしょう。

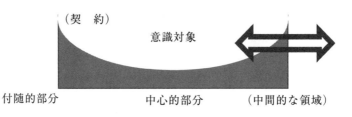

　空間モデルでいえば，このうち消費者の意識が向けられるのはモデルの「枠内」の中心的部分だけで，そこでの商品性が対価との関係で判断されます。そこは人それぞれで，「こんなものに，こんな額を払うのか」と思われることもあるでしょうが，それによって買うかどうかを各人が判断しているわけです。

　これに対してモデルの左端より外の，付随的部分というべき内容があり，これらしばしば約款・契約条件として，一括して提示されます。最近ではインターネットでの物やサービスの購入や申込に際してネット規約が必ず利用されます。その内容は，料金の支払方法，補償条項，裁判管轄等々です。

　それらの付随的な部分の内容は，事業者側の都合に良いように定められていることが多く，だからこそ約款や規約が作られているともいえます。しかしこれを個々に交渉して決めるとすれば大変でしょう。鉄道約款にせよ，ネット規約にせよ，公共料金によるサービスにせよ，一人一人に合わせてオーダーメイドしているわけにはいかないのです。大学や会社の規則についても，私人同士の契約の一環という意味では，同様のことがいえるでしょう。

〈中間的な領域〉

　しかしこれらとは別に，その両者の中間的というべき領域に属する内容や条項があると考えられます。この中間的な領域にかかる条項とは，人によって意識されたり，意識されなかったりする部分のことです（これは民法学者・廣瀬久和の強調するところです）。契約時に意識が向けられる対象は一律ではなく，人によって「こだわり」のある部分がそれぞれ異なります。

　たとえば食べ物であれば，特に高級品などでは，その原産地にとてもこだわる人と，全然こだわらない（おいしかったら文句ない）人とがいるでしょう。魚であれば，養殖ものか天然ものかにこだわる人もいるでしょう。ワインなどであれば，こだわりの有無は極端にわかれたりします。

　あるいはコンサートであれば，冒頭の挿話のように 1965-66 年にはボブ・ディランのコンサートに，フォークソング目当ての人もいれば，新たなロックへの展開を見に来た人もいれば，何でもいいから見たいという人もいたことでしょう。何しろ関心の的はその演奏曲目ですらなく，同じ曲でもその演奏のスタイルが問題だったのです。アイドルグループのコンサートなどでも，集結するファンの主たる関心の在処は実に千差万別だったりするでしょう。

　他にもたとえばクルマやスマホの色について，こだわる人もいれば，こだわらない人もいます。最初に指定した色が在庫切れだった場合，「別の色でいいや」という人と，「だったらそもそも買わない」という人に分かれるでしょう。

〈もろもろの対人サービス〉

　この中間的な領域については，たとえば医療や介護などのサービスや，大学の教育サービスなどでも問題となるでしょう。

　ホームヘルパーや医師，教員，インストラクターなどによる対人サービスでは，サービスを実際に担当する人によって，その内実は大きく変わりますし，それによって契約するかどうかが左右される場合だってあるわけです。

　しかしこの手のサービスでは，しばしば「相性」という要素も大きく，意に沿うかどうかがサービスの利用開始後に判明するということもあります。そうだとすると，契約する「前」の対応と合わせて，契約した「後」の対応も考えておく必要があります。

〈消費者契約法，景品表示法〉

　ところで私人同士の取引は，法律ではおもに民法の所掌範囲ですが，消費者取引については特別な配慮が必要なので，消費者（保護）法という領域が形成されています。そこでは民法の特別法や，行政法による対応もされていますので，代表的なものをみておきたいと思います。

　たとえば消費者契約法では，契約を締結する際の事業者側からの情報提供義務を規定しています。しかし「どういう情報をどこまで」というのは難しく，抽象的な規定になっています。しかも逆に消費者側も「理解するよう努める」という義務があわせて規定され，「国際的な恥だ」と評価する人もいます。

　また特定商取引法では，クーリングオフが規定されています。これは特定の取引については，契約締結後に「理由なしに」撤回できるという画期的なものです。ただしその対象は限定されていて，ネットでの購入等は対象外です。

慎重に判断
してもらう

情報を開示する

　他方，行政法の領域では，景品表示法などで情報開示や誇大広告等が規制されています。これらは個々の取引・契約の有効性の「事後」の判定ではなく，事業者への「事前」の規制であり，違背する事業者に対しては行政指導や，場合によっては業務改善命令，業務停止などが命じられます。具体的には景品表示法にもとづくガイドライン等により，たとえば閉店セールや二重価格（安く見せかける表示）などが規制対象となっています。

　これらの方法は，中間的な領域への対処としても意味があるでしょう。また大学や会社などの組織に関しても，そこにメンバーとして加入するときの条件整備のあり方として，参考になるはずです。やや笑い話としては，結婚についても妥当するところがあります。情報開示が不十分だとあとで問題になりますし，「お試し婚」などというのは，いわばクーリングオフのようなものだと考えられます。そのように一つの領域での政策は，他の領域でも参考になるのです。

〈安全性の位置づけ〉

　ところで商品やサービスの「安全性」は，契約ではどの部分に位置づけられるのでしょうか。食中毒とか，コンサート中に火事になったらというような話は，契約締結の際に「事前に」意識されるものではなさそうです。

　実際，普通は安全性についての「選択」というのはありません。医療経済学者のV・R・フュックスのいうように，たとえば「料金が高くて安全な飛行機」と「安くて危ない飛行機」という選択はあり得ないのです。その意味では，安全なものしか商品としては存立を許されないように思えます。

　しかし安全性については，「完璧」ということはありません。その意味ではどこまで安全性にコストをかけるかという話でもあります。食べ物にしても，コンサート会場にしても，安全性のためにいくらでもコストはかける余地はあるし，それによって安全性は高まるものの，それでも「完璧な安全性」は実現できません。いいかえれば安全性の度合いにも「ぶれ（volatility）」が発生します。

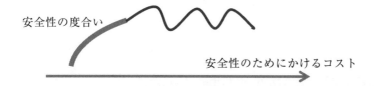

　消費者は安全性にはあまり関心がないか，関心があったとしても，見てわかる・選べるものでもありません。しかしそうすると事業者側は，とかく安上がりに済ませることになりがちなので，一定水準の（たとえば少なくともvolatilityが発生する手前までの）安全性のためのコストを投じるような政策的介入が必要でしょう。安全性は，いわば社会的な関心が寄せられる中間的領域なのです。

　社会哲学者のマイケル・ウォルツァーがいうように，電柱ごとに警官を配置すれば，夜道の犯罪は減ります。しかし「キリがない」ところはあり，どこまでの費用と効果で折り合いをつけるかは政策選択です。経済学的には，徐々にコストを増やしていったとして，限界的な費用と限界的な効用が一致するところが，社会的費用を最小化できる（望ましい）地点ということではあります。

　ちなみに安全性の提供自体が契約の中心的部分を占めるサービスもあります。警備サービスや物を預ける契約，保険契約などがこれにあたるでしょう。

〈安全性への政策的な対応〉

　このとき安全性を欠く商品やサービスを，市場から完全に「追放」すべきかどうかは難しい点です。たとえば食べるには十分に安全ではない植物でも，別の用途（たとえば観賞用や飼料用）はあり得ます。旅行や登山のように安全性が保障されないことを承知した上での需要に対応するサービスもあります。

　そこで一つの政策的な対応としては，限られた領域で「目印」をつける方法があります。たとえば JIS・JAS マークなどのいわゆるマル適マークです。これが付いていないものでも，最低限の責を塞いだり，急場をしのぐために役立つことは多く，たとえば 100 円均一ショップの商品も大変人気があるわけです。

　あるいは税制優遇する場合や社会保険が適用される場合に限って，サービスの安全性に一定水準を求めることもあります。たとえば介護自体はプロの事業者でも，（プロではない）家族でも行いますが，介護保険の対象となる事業者の介護サービスには一定水準の安全性（資格や体制）が法令で求められています。

　もろもろの税制優遇の対象となる商品やサービスなどに対しても，その前提として，広い意味での安全性に関わる要件が課されることが多くあります。これらはいわゆる分離均衡を目指すものだということがいえます。

TERMINOLOGY 　**豆知識**　分離均衡／一括均衡

　分離均衡（pooling equilibrium）は経済学の概念ですが，直感的な一つの説明は，「棲み分け」によって多くの人が満足するというものです。

　普通は財やサービスを提供するとき，大多数の人に合わせて，標準的・平均的な仕様の物を提供します。それが大多数の人の満足につながるからです。

　しかしむしろ極端な質の物を複数提示する方が，皆の満足を得られる場合もあります。たとえばカレーの「辛さ」について，普通の辛さでは，辛いもの好きには物足りず，子どもなどには逆に辛すぎるかもしれません。そうだとすれば，もし 2 種類を提供できるなら，標準的なものより，むしろ甘口と辛口の 2 種類を提供した方が，より多くの人の満足を得られる可能性があります。

　このことは高級店／格安店の二極化についても当てはまるかもしれません。より一般的には政策領域でも，このマジョリティに合わせるか，むしろ分離均衡を目指すかは，大きな分かれ道になることが多いのです。

〈付随的部分，約款をめぐって〉

　契約の付随的部分，いわゆる約款部分について，今やもっとも身近なのはネット規約でしょう。インターネットで何かを購入したり，サービスを利用したりする場合には，必ずネット規約への同意をクリックすることになっています。

　読もうとしても延々と続いていて，真剣に全部読む気にはなれません。時には規約の画面を下までスクロールしないと，同意をクリックできないようになっていることもありますが，それで読む人が増えるとはあまり思えません。

　実際そこでの規定内容が問題になることは稀ですが，故障やトラブルなどになった時には，それらの規定が役割を果たします。たとえば裁判になった場合の裁判管轄も定められています（それが外国になっていたりしたら大変です）。

　これらの約款の内容は，たとえば電車に乗るときも適用されますし，電気・ガス・水道等の利用においても同様です。これらについて個々に交渉して決めるとなればお互い大変ですから，約款の利用は双方にとって合理的なやり方とはいえます。特に保険や金融商品では，約款が商品そのものともいえます。

〈約款への政策的な対応〉

　これについて「読んで了解しました」という趣旨で機械的に「はい」とクリックさせるというのは，フィクションが過ぎる気もします。それでも約款は双方にとって合理的だとすると，どのように折り合いをつけるべきでしょうか。

　きちんと読み聞かせるべきだという解決もあり得て，たとえば不動産を売る時には，宅地建物取引業法により重要事項を説明することになっているのですが，それはそれで退屈，無味乾燥で，頭に入るものではありません。

　もっとも規約が開示されること自体に意味はあります。規約内容を全然知ることもできず，あとで「こうなっています」といわれても処置なしです。その意味で気になる人がいれば，気になる事柄について，事前に開示された規約をよく読めばよいわけで，まさに中間的な領域への対応の機会を確保できます。

　もう一つには事前に行政的にその内容をコントロールすることが可能です。公共料金等が変更の際には行政認可を要するのはそういう趣旨です。また「あまりにもひどい」内容であれば，事後的にも裁判によって，その効力を否定する道があります。もっともその判定自体が容易ではありませんが。

◆ 政策的対応に向けたヒント──「想定外」を想定する

　人がどう思おうと，自分にとっては譲れない，大事だということはあるものです。逆に当事者は無関心でも，安全性のように社会として関心を持たなければならない事柄もあります。それらが中間的な領域を形成しています。

　今後の方向性としては，一つにはこの中間的な領域について，意識的に可視化していく方向があります。たとえば契約時の情報提供，内容確認の機会などを通じて，オモテに出すこと自体が大切です。とりわけ「何が選択の対象となり得るか」を示すことが重要でしょう。それがないと，あとから「そういう選択肢もあったのか」という後悔や不満につながるからです。

　もう一つには，この中間的な領域の広がりについて見据える必要があります。皮肉なことに，開示され，行政規制なども及ぶ約款が，形骸化していたり，実質的な内容が他のところに滲み出していることがあります。いわば約款の空洞化現象，約款からの逃避と呼ぶべき事態だと筆者は考えています。たとえば保険は約款取引の典型ですが，予定利率は約款には書いてありません。逆に申込書上のプレプリントの文言が「約款的」になっていることもあります。

〈時間モデル的な見方〉

　契約構造も，時間の中で微妙に変容し，何が中間的な領域かも時間によって変わることがあります。それに応じた政策対応を考える必要があります。

　特に契約の時間的スパンを勘案して，あとからの変更や修正，補正を行う余地を確保することには意義があります。物の売買ではアフターサービスということになりますが，継続的な契約では契約途中での変更ということになります。それは特に中間的な領域（安全性を含め）に関する想定外な事柄への対応として有意義でしょう（思えばクーリングオフはその嚆矢でもあります）。

　結局のところ，私たちには想定外の事ばかり起きるのです。社会全体でも大地震やコロナ禍がそうですし，個々人でも「まさか」の事態が常態なのです。

　私たちはそれを予測することはできません。そうだとしたら「想定外の事態の場合にどう対話・交渉できるか」ということ自体を明示・合意しておくしかありません。逆にそういうことなら，契約時に工夫する余地があるはずです。

PATHWAY〔社会問題への小径〕── 廣瀬久和先生のこと

　このパートの内容は，民法学者の廣瀬久和の所説に大幅に依拠（当方の誤解・曲解を含め）したものです。長く東大法学部で消費者法を担当された方ですが，実はこの本を出版できたのは，廣瀬先生のおかげでもあります。

　廣瀬先生は，数々の都市伝説に彩られている人でもあります。その一つは，書き始めた多くの論文がなかなか完結せず，むしろそのほとんどが連載の初回だけで終わってしまうということです（これは伝説ではなく事実です）。

　比類なく鋭い切り口で論文が書き始められるので，皆が大いに期待するのですが，二回目以降が続かないのです。珍しく連載が四回目まで続いた寄託責任の論文については，内田貴『制度的契約論』（羽鳥書店，2010年）がわざわざ「比較法の前で中断されているのが惜しまれる」と言及しています。お叱りを覚悟で書けば，廣瀬先生が論文を完結されないのは，一つの社会問題なのです。

　その中で，「価格規制への一視角」という1980年代の論文は，「上・中・下」の三部構成が予定され，実際に「上・中」までは専門誌に載ったのです。筆者は昔，廣瀬先生と電話でお話しした際に，不躾にも「せめてあの論文だけでも，あと一回書いて，完結させてはどうですか」と申し上げたことがあります。

　ところがこれに対して廣瀬先生は「あの論文は，ちゃんと完結しています。日本の人たちが知らないだけです」と大変不満そうにいわれました。

　どういう意味だろうと思っていたところ，電話を切って数分後に自宅のファックスがカタカタいい始めて，フランス語の長い論文が送られてきました。

　何とも都市伝説みたいな，畏れ多い人なのです。

BOOKSHELF　社会問題を考える本棚

・廣瀬久和「これまでと，これから」（河上正二，大澤彩『人間の尊厳と法の役割──民法・消費者法を超えて』所収（廣瀬久和先生古稀記念）（信山社，2018年）は廣瀬先生自身による自説の紹介・解説で，大変貴重です。

・消費者法については，大村敦志『消費者法（第4版）』（有斐閣，2011年），竹内昭夫『消費者保護法の理論』（有斐閣，1995年）が重要な文献です。

AFTERWORD（余滴）── 光が届くように

> 夜中に歩いていると，街灯の下で這いつくばっている男がいる。鍵を探しているという。一緒に探してみるが，一向に鍵は見つからない。
>
> 念のためにどこで鍵を落としたのか聞いてみると，何とずっと向こうの暗がりで落としたというではないか。呆れ果てて，じゃあどうしてあっちで探さないのかと問い詰めると，男は「だって，向こうは電気がついていませんから……」。
>
> 神取道宏「ゲーム理論による経済学の静かな革命」†

理論経済学を揶揄した寓話とされていますが，どの学問でもそういうところがあります。とかくやりやすい素材だけを選んで分析対象としてしまうのです。

見てきたように消費者契約では，その中間的な領域への対処が重要な課題ですが，しかしそこはあまり検討されていません。契約の中心的部分は自己決定と市場・経済の問題となり，他方，付随的部分は法的な問題となるのですが，その中間的な領域は，法律学と経済学の「間」に落ちてしまいがちなのです。

いわば二つの離れた街灯の間で，どちらの光も届かないのです。だからこそ遠くの街灯の光も，懐中電灯も，またスマホの光も駆使して何とか問題に光を当てる必要があります。いいかえれば学際的なアプローチが必要になります。

実はそのことは，社会問題にかかる政策全般についていえることです。社会学者のニクラス・ルーマンがいうように，近代社会では，法や経済・政治・科学システム等が分立しているのが特徴です。現代の社会問題は，それら分化した各システムの「間」での摩擦や軋轢によって生じていることが多いのです。逆に言うと，それぞれの固有のシステムでは解決できないから，社会問題として発生・深刻化したり，解決されずに残っていたりするともいえるでしょう。

そこでは法学も経済学もありません。幅広く関連諸科学を総動員して，事態に対処する必要があります（ちなみに廣瀬久和先生は，まさにそれを実践されている方です）。この本は，まことに拙いながら，そういう考え方でいろいろな学問を援用しながら，社会問題にアプローチしようとしたものです。

† 岩井克人，伊藤元重編『現代の経済理論』（東京大学出版会，1994 年）所収

あ と が き

　本書執筆の直接的な動機は，勤務先（法政大学社会学部）の入門科目において，幅広い社会問題に関心を持ってもらうための材料を提供することでした。

　筆者はもともと社会保障や保険のいくつかの問題について，細かい法政策的な議論などをするのが専門なので，この本のような幅広いテーマに取り組む資格があるかどうかは甚だ疑問ですし，個々のテーマについての記述も不十分なところが多いものと思います。

　ただしさまざまな社会問題に対して，それぞれの問題が抱える固有性・専門性は大きいものの，それをいわば棚上げして，統一的なものの見方でアプローチできないかということは，ずっと考えてきたことでしたので，きわめて不十分なものとはいえ，それがこの本でまとまった形で実現できたのは大変ありがたいことです。

　ところで私自身にとって，このような社会的な問題に取り組まなければならないという基本的な姿勢自体は，むしろ学生時代に培われたものだという気がします。そのなかでは，とりわけ以下の方々の影響が大きいものでした。

　一人目は弁護士の宮原守男先生です。多くの著名な事件に携わるとともに，交通事故と損害保険にかかる専門家であり，キリスト教にも造詣の深い方です（最近の著書として宮原守男『信仰・希望・愛』（教文館，2017年）があります）。大学生の頃から，宮原先生がご自宅で学生のために開かれていた「若人の会」という集まりで，「自分のためだけに生きてはいけない」という基本的な姿勢を教えていただきました。

　二人目はオリビエ・シェガレ神父です。カトリック司祭として日本で50年以上，大学生と社会に関わってきた方です（最近の著者としてオリビエ シェガレ『友として，司祭として──日本宣教50年の模索から』（フリープレス，2015年）があります）。やはり大学時代の「駒場聖書研究会」において以降，シェガレ神父には生まれたフランスから遠い日本の地で──しかもしばしばおよそ目立たない場所で──人や社会のために尽くすという生き方を，身をもって教えていただいてきました。

三人目は河幹夫氏です。厚生官僚として社会福祉基礎構造改革（いわゆる「措置から契約へ」）などに主導的に取り組み，現在は日本心身障害児協会の理事長をされています（著書として，阿部志郎・河幹夫『人と社会──福祉の心と哲学の丘』（中央法規，2008年）などがあります）。厚生省に派遣されていたとき以降，河さんには社会問題に対して，政策によって対応することの可能性と必要性を教えていただいてきました。

　最後に筆者の母親である長沼（旧姓・橿淵）多磨子（1918-2008）です。早稲田大学の最初期の女子学生として，早大社会学会の立ち上げにも中心的にかかわった人でした（『早稲田百年と社会学』（早稲田大学社会学研究室，1983年）65頁）。第1回早稲田大学社会学会大会（1947年11月15日）では，「終戦後の婦人思想の動き」とのタイトルで研究報告を行っています）。家の中で直接何かを教わったというわけではないのですが，母親からは折に触れ，社会問題に向き合うことの大切さを伝えてもらったように思います。

　もちろんそれ以外にも学生時代以降，学校や職場などで出会った多くの方々のおかげで，社会問題への関心を持ち続け，拙いながらもこの本を書き上げることができたものです。若い時に何に接するかが，その後の人生を決めるのだということに，現在の職責に改めて身が引き締まる思いです。

　構想段階から刊行に至るまで，一貫してあたたかくご助力いただいた信山社の袖山貴様，稲葉文子様，今井守様に心から御礼申し上げます。

　2021年9月

　　　　　　　　　　　　　　　　　　　　　　　　　　　　長沼　建一郎

■著者紹介

長沼 建一郎（ながぬま・けんいちろう）

1959年　東京都生まれ
1984年　東京大学法学部卒業
　　　　日本生命保険相互会社，厚生省社会保障制度専門調査員，ニッセイ基礎研究所主任研究員，早稲田大学大学院社会科学研究科博士課程単位取得退学，日本福祉大学教授などを経て，
現　在　法政大学社会学部教授。博士（学術）。

［主な著書］
『介護事故の法政策と保険政策』（法律文化社，2011 年）
『個人年金保険の研究』（法律文化社，2015 年）
『図解テキスト 社会保険の基礎』（弘文堂，2015 年）
『大学生のための法学――キャンパスライフで学ぶ法律入門』（法律文化社，2018 年）

ソーシャルプロブレム入門

2021（令和 3）年 9 月 29 日　第 1 版第 1 刷発行
8717 P224　￥2500E：012-012-003

著　　者　長沼建一郎
発 行 者　今井貴 稲葉文子
発 行 所　株式会社 信山社
〒113-0033　東京都文京区本郷 6-2-9-102
Tel 03-3818-1019　Fax 03-3818-0344
henshu@shinzansha.co.jp
笠間才木支店 〒309-1611 茨城県笠間市笠間 515-3
Tel 0296-71-9081　Fax 0296-71-9082
笠間来栖支店 〒309-1625 茨城県笠間市来栖 2345-1
Tel 0296-71-0215　Fax 0296-72-5410
出版契約 No.2021-8717-2-01011　Printed in Japan

◆ 現代選書シリーズ ◆

未来へ向けた、学際的な議論のために、
その土台となる共通知識を学ぶ

中村民雄　著　ＥＵとは何か（第3版）

林 陽子　編著　女性差別撤廃条約と私たち

黒澤 満　著　核軍縮入門

森井裕一　著　現代ドイツの外交と政治

加納雄大　著　環境外交

加納雄大　著　原子力外交

加納雄大　著　東南アジア外交

初川 満　編　国際テロリズム入門

初川 満　編　緊急事態の法的コントロール

森本正崇　著　武器輸出三原則入門

高 翔龍　著　韓国社会と法

三井康壽　著　大地震から都市をまもる

三井康壽　著　首都直下大地震から会社をまもる

森宏一郎　著　人にやさしい医療の経済学

石崎 浩　著　年金改革の基礎知識（第2版）

畠山武道　著　環境リスクと予防原則 Ⅰ
　　　　　　　　－リスク評価〔アメリカ環境法入門〕

畠山武道　著　環境リスクと予防原則 Ⅱ
　　　　　　　　－予防原則論争〔アメリカ環境法入門2〕

信山社

◆ 信山社ブックレット ◆

女性の参画が政治を変える ― 候補者均等法の活かし方
　　辻村みよ子・三浦まり・糠塚康江 編著
【自治体の実務 1】空き家対策 ― 自治体職員はどう対処する？
　　鈴木庸夫・田中良弘 編
テキストブック法律と死因究明
　　田中良弘・稲田隆司・若槻良宏 編著
求められる法教育とは何か
　　加賀山茂 著
＜災害と法＞ど〜する防災　土砂災害編／風害編／地震・津波編／
　　　　　　　　　　　　　　水害編
　　村中洋介 著
たばこは悪者か？ ― ど〜する？ 受動喫煙対策
　　村中洋介 著
核軍縮は可能か
　　黒澤 満 著
検証可能な朝鮮半島非核化は実現できるか
　　一政祐行 著
国連って誰のことですか ― 巨大組織を知るリアルガイド
　　岩谷暢子 著
経済外交を考える ―「魔法の杖」の使い方
　　高瀬弘文 著
国際機関のリーガル・アドバイザー
　　― 国際枠組みを動かすプロフェッショナルの世界
　　吉田晶子 著
ど〜する海洋プラスチック（改訂増補第 2 版）
　　西尾哲茂 著
求められる改正民法の教え方
　　加賀山茂 著

信山社

◆ 信山社新書 ◆

タバコ吸ってもいいですか ― 喫煙規制と自由の相剋
　児玉 聡 編著

感情労働とは何か
　水谷英夫 著

スポーツを法的に考えるⅠ ― 日本のスポーツと法・ガバナンス
　井上典之 著

スポーツを法的に考えるⅡ ― ヨーロッパ・サッカーとEU法
　井上典之 著

婦人保護事業から女性支援法へ ― 困難に直面する女性を支える
　戒能民江・堀千鶴子 著

この本は環境法の入門書のフリをしています
　西尾哲茂 著

侮ってはならない中国 ― いま日本の海で何が起きているのか
　坂元茂樹 著

年金財政はどうなっているか
　石崎　浩 著

市長「破産」― 法的リスクに対応する自治体法務顧問と司法の再生
　阿部泰隆 著

オープンスカイ協定と航空自由化
　柴田伊冊 著

東大教師　青春の一冊
　東京大学新聞社 編

信山社